LOUISE MICHEL
La Passion

LOUISE MICHEL
La Passion

PIERRE DURAND

CONCEPTION GRAPHIQUE
FRANÇOIS FÉRET
ICONOGRAPHIE
SERGE ELLEINSTEIN

MESSIDOR

Manufacture de chapeaux de soie.
Fin XIXe siècle.
Édimédia.

PREFACE

Louise Michel est sans doute une des rares femmes de la commune à être connue. Mais l'est-elle vraiment ?

Caricaturée par ses adversaires, décriée par beaucoup, respectée par les siens, ceux qui luttent, sa vie est tout autre chose. Pierre Durand nous permet à travers son livre de découvrir cette femme exceptionnelle, chantée par Victor Hugo et Verlaine.

Louise est née à l'aube du mouvement ouvrier. On peut dire qu'elle est une figure du mouvement révolutionnaire, même si elle-même se qualifie d'anarchiste, depuis sa déportation en Nouvelle-Calédonie.

Louise est une femme passionnée et passionnante. Notre combat d'aujourd'hui pour les libertés, le bien-être, contre toute injustice, celui pour l'égalité et contre le racisme, celui pour édifier un monde de progrès et de paix, c'était le sien. Elle nous en a tracé le chemin.

N'a-t-elle pas écrit à Londres en 1898 en préface à la Commune, histoire et souvenirs :

« Rudes sont les étapes, elles ne seront point éternelles, ce qui est éternel c'est le progrès, mettant sur l'horizon un idéal nouveau quand a été atteint celui qui la veille semblait utopie... »

Précurseur, elle le fut, à plus d'un titre. Dès son enfance, le besoin de soulager les misères humaines l'amène à distribuer aux pauvres tout ce qu'elle possède.

Rapidement cet altruisme se transforma en actions concrètes contre la misère, contre la bêtise, puis en engagement total auprès des plus défavorisés, des laissés pour compte.

Fréquentant les réunions publiques, elle rencontrera les futurs dirigeants de la Commune. Elle collaborera à plusieurs journaux d'opposition.

Déjà, institutrice, plutôt que de prêter serment à l'empereur (le Petit, comme on le surnommait) elle préféra ouvrir une école libre. Il faut entendre par là : école de la liberté. Elle préconisa un enseignement vivant, concret, inspiré des sentiments républicains, en fait, une véritable école laïque au sens que nous l'entendons aujourd'hui et qui reste à construire.

C'est sans doute cette volonté de transmettre le savoir aux enfants pour leur permettre de devenir des hommes et des femmes capables de décider eux-mêmes de leur avenir qui l'a conduite lors de sa déportation en Nouvelle-Calédonie à faire la classe aux Canaques, considérés déjà à l'époque par le gouverneur et les colons français comme étant de race inférieure.

Il est des rappels significatifs ; certains ne continuent-ils pas à penser que cette terre lointaine serait notre propriété !...

Elle fut sans doute parmi les premiers combattants anticolonialistes quand elle prit le parti de ce peuple en révolte en 1878. Liberté, liberté des peuples, il y a ceux qui en parlent et ceux qui agissent, aujourd'hui comme hier.

Toute sa vie est à l'image de son engagement, sans renoncements, combattante au service des causes populaires. Elle connut les prisons, les bagnes, la déportation, sans jamais renier ce qui faisait toute sa vie.

Louise Michel est plus connue sous cet aspect : modèle de courage et de dignité, mais elle fut aussi précurseur dans la lutte pour l'égalité : « si l'égalité entre les deux sexes était reconnue, écrivait-elle, ce serait une fabuleuse brèche dans la bêtise humaine ».

Féministe avant l'heure, elle le fut dans une société où les tabous prédominaient : soit la femme était au foyer soit elle était perdue.

Femme, elle a aimé et son amour est mort sous les balles versaillaises. En quête de bonheur pour elle, pour les autres, cette femme était aussi amour. Écrivain et poète, ses écrits nous la rendent plus présente et plus proche.

Si le monde a

Louise Michel
Bibliothèque Marguerite Durand

changé, il nous faut toujours lutter, pas dans les mêmes conditions certes, mais avec autant d'opiniâtreté pour imposer une vie plus juste où ceux qui travaillent puissent décider de leur avenir et éliminer l'exploitation.

En ce sens, Louise Michel appartient à notre histoire et mérite notre admiration.

Femmes d'aujourd'hui, nous sommes ses filles, ses héritières. C'est son combat que nous poursuivons pour le bonheur et pour la vie.

Jeannine MAREST,
Secrétaire de la CGT.

Avant-propos
de l'auteur

« Je viens de la nuit
où l'on souffre... »

Victor Hugo

Dessin de Victor Hugo :
« Ville au crépuscule »
Musée Victor-Hugo
Photo Bulloz.

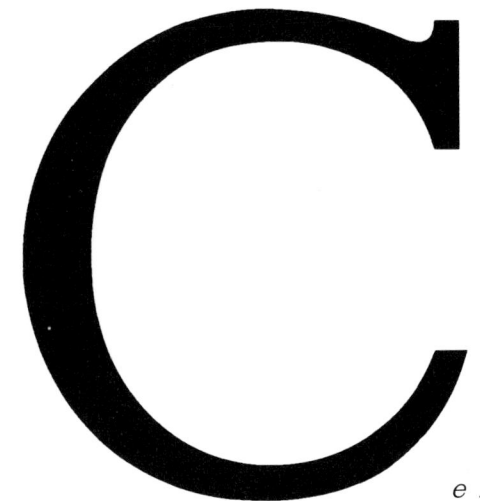e 22 janvier 1888, une femme de noire vêtue, grande et maigre, le front haut et le nez puissant, légèrement voûtée, descend du train qui l'a amenée de Paris au Havre. Un petit groupe d'hommes et de femmes l'accueille dans la fumée âcre des locomotives. Deux policiers en civil les suivent tandis qu'on se dirige vers le théâtre. Louise Michel — car c'est elle — est sans cesse l'objet d'une surveillance vigilante. Elle raconte à ses compagnons qu'elle avait bien failli ne pas venir. Elle avait pris froid au cours d'un meeting et sans la solidarité des petites gens de Paris qui avaient ouvert une souscription en sa faveur, elle n'aurait pu se soigner. Enfin, tout allait bien maintenant...

Le théâtre est plein à craquer. Quand Louise dépeint le gouvernement comme « un ramassis d'escrocs, de dupeurs et de voleurs », les applaudissements n'en finissent pas. « La révolution est inéluctable et toute proche, s'écrie-t-elle sous les vivats. Elle se fera par nous, avec vous ou contre vous. Choisissez ! » En ce temps-là, on ne caressait pas les gens dans le sens du poil...

On casse une petite croûte — Louise mange à peine — et la seconde réunion du jour commence dans une grande salle, sise rue de Normandie : L'Élysée. Deux mille personnes s'y pressent. Il est huit heures du soir. La nuit est tombée depuis longtemps et il bruine un crachin glacial sur le grand port envahi par la brume.
Louise reprend les thèmes qu'elle a développés dans l'après-midi. Sa voix, un peu rauque, faiblit par moment, mais c'est pour s'enfler de plus belle quand elle fustige les adversaires du genre humain. Elle parle depuis une demi-heure à peine lorsqu'un homme très grand, d'allure spectrale, bondit à la tribune, en faisant de grands gestes. Louise s'interrompt. La salle se fige dans un silence étonné.
— Je ne vous parlerai pas dans un français « rectal », hurle l'homme. Je ne suis ni un voleur ni un assassin...
Il s'interrompt. Des rires fusent. « Rectal ? » On ne comprendra que plus tard que ce mot signifie qu'il ne parlera pas comme le recteur de sa paroisse bretonne, qui, lui, connaît bien le français. Louise sourit et se prépare à répondre. Elle a l'habitude. Mais voilà que l'homme fait un vaste signe de croix, sort un revolver de la poche de

son grand manteau noir et tire. Deux fois sûrement, quatre fois, comme l'ont dit certains, peut-être.

Louise ne bouge pas. La foule se précipite et va faire un mauvais parti à l'agresseur. La police le dégage. « Qu'on ne lui fasse pas de mal », dit Louise. Elle affirme qu'elle n'est pas blessée. En fait, une balle s'est logée dans son chapeau, l'autre dans le temporal gauche. On l'emmène à l'hôpital où deux médecins essaient d'extraire la balle sans y parvenir. Le lendemain, elle repart pour Paris et un médecin de Levallois où elle habite considère que l'affaire est grave. Il l'envoie à l'hôpital Beaujon. Impossible d'opérer. La balle restera où elle est, émigrant lentement vers la nuque, paraît-il, et provoquant des troubles dont Louise souffrira toujours.

L'agresseur —il s'appelait Lucas— était employé par un gros négociant en café qui le payait à peine. Originaire de Bretagne, très pauvre, très mystique, quelque peu alcoolique, il avait été scandalisé par les propos révolutionnaires de Louise Michel entendus au cours de la réunion de l'après-midi. Il l'avait considérée comme une envoyée du diable et avait décidé de l'abattre.

Louise —et c'est tout elle— n'entend pas qu'on punisse le coupable. Elle se démène pour le faire acquitter et y parvient après avoir mobilisé le grand journaliste Rochefort, l'illustre professeur Charcot, spécialiste en névropathie, Maître Laguerre, un ténor du barreau. Elle publiera plus tard un poème intitulé Le Breton :

> Ce fils des côtes d'Armorique,
> Des côtes où hurle la mer,
> S'en allait, songeur et mystique,
> Par les grands vents au souffle amer,
> Voyant l'Océan redoutable,
> La terre aux pauvres implacables
> Et sans rien pour les consoler

> Ses aïeux de l'âge de pierre
> Sous la lune, au pied des peulvans
> Allant la nuit, par la bruyère
> Lui parlaient dans les flots grondants.
> Nos choses pour lui sont des rêves.
> Laissez-le sur ses sombres grèves,
> Ses grèves où pleurent les vents.

> Pour nous, cet homme est un ancêtre
> Du temps de l'antre au fond des bois.
> Pour le juger, il faudrait être
> De ceux qui vivaient autrefois.
> Entre nous, sont des jours sans nombre.
> Qu'il reste libre dans son ombre!
> Pour lui, nous n'avons pas de loi.

Louise Michel contre la peine de mort, contre la loi du talion —et cela cent ans avant que ces lignes soient écrites— c'est plus qu'un symbole! Elle a alors cinquante-huit ans et le malheur a bercé sa vie. Mais elle n'a cessé de combattre. Nous essaierons de suivre ses pas et de la *comprendre. Il y faut de la modestie. Son existence ne fut pas simple et ces temps n'étaient pas les nôtres.*

Lorsque la frappe la balle de Lucas, elle n'est libre — avec des éclipses, on le verra — que depuis huit ans à peine. De 1873 à 1880, elle a connu la déportation en Nouvelle-Calédonie. A son retour en France, le mouvement ouvrier ne s'est pas encore remis de la terrible saignée versaillaise. C'est en 1886 seulement que naît la Fédération des syndicats et groupes corporatifs de France et que sont créées les premières Bourses du travail. Un groupe ouvrier de dix-huit députés n'apparaîtra à la Chambre qu'en 1887.

On commence la construction de la tour Eiffel, mais c'est aussi l'année où Hertz découvre l'effet photo-électrique et les ondes qui porteront son nom. En 1888, on photographie pour la première fois la nébuleuse d'Andromède et Zola publie le Rêve. *Nous sommes à l'aube d'un monde nouveau, dans une société en crise où la troisième République stabilise peu à peu le règne de la bourgeoisie entamé en 1789, tandis que frémissent les premiers bourgeons du socialisme scientifique en France.*

Louise Michel ne fut pas une dirigeante de la Révolution. Elle en fut le chantre et le drapeau. De la lutte contre l'Empire à la bataille pour la « sociale », en passant par les jours tumultueux de la Commune, si sa pensée suit un droit fil de dévouement, d'abnégation, d'enthousiasme révolutionnaire, ce n'est pas qu'une théorie pleinement formée la guide.

Louise Michel est fille de quatre-vingt-treize par sa famille et par Victor Hugo. Elle est proche à la fois des révolutionnaires indépendants, qui se disent aussi radicaux, *et dont le but, selon Jules Vallès, est de réaliser* la grande fédération des douleurs, *et des marxistes à leurs premiers balbutiements. Elle sera de ces « purs » qui, comme le leur reprochait Engels, s'imaginent que « dès qu'ils ont eux-mêmes la bonne volonté de sauter par-dessus les étapes intermédiaires et les compromis, l'affaire est réglée » et érigent « leur impatience en argument théorique ».*

Ce serait trahir l'histoire que d'en faire reproche à Louise Michel. Enfant de son siècle — ce siècle où naît seulement la classe ouvrière moderne —, témoin des révolutions du passé et de celle — la Commune — qui annonce l'avenir et le contient déjà, elle s'est jetée dans la mêlée avec toute la fougue de son extraordinaire tempérament. Née l'année de la bataille d'Hernani, elle sera la grande romantique de la Révolution.

Louise Michel fait partie de ces humbles que le grand historien Georges Lefebvre appelait « la lumière de l'histoire ». « Quand je feuillette le passé et que leurs fantômes sortent de l'ombre, écrivait-il, je sens que de l'intelligence sourd une émotion profonde: une fraternité nous unit. »

Pierre DURAND

Pages suivantes.
Peinture de Édouard Pignon
pour le Centenaire
de la Commune.
Édition Livre Club Diderot.
« © by SPADEM 1971 »
Louise Michel.
Photo H.R. Viollet.

UNE VIE PASSIONNÉE

ILS NE LA DÉMOLIRONT JAMAIS...

L e rôle posthume de Louise Michel a sans doute été plus grand que son action réelle : du moins en ce qui concerne la période de sa vie la plus commentée depuis cent ans, celle que marque d'une empreinte géante la Commune de Paris.
Louise Michel, contrairement à ce qu'en dit l'acte d'accusation dressé contre elle par le conseil de guerre de Versailles, ne fit partie d'aucun cercle dirigeant de la Révolution. Elle ne fut pas « capitaine des francs-tireurs », comme l'affirme la note d'arrestation que remirent à la prison de Versailles les officiers qui la livrèrent à la geôle ; ni dirigeante de « l'Union des femmes pour la défense de Paris et les soins aux blessés », comme elle le prétend elle-même devant ses juges. Ambulancière et combattante d'un courage reconnu, membre des comités de vigilance de Montmartre, elle est un

« cadre moyen » plus qu'un leader, un sous-officier plus qu'un général.

Le commissaire de la République abandonne d'ailleurs lors de son procès les chefs d'accusation les plus graves, ne retenant que celui de « port d'armes apparent ou caché dans un mouvement insurrectionnel ».

Et pourtant, le procès de Louise Michel connaît un retentissement considérable. C'est qu'elle y fait figure d'héroïne.

Son attitude intransigeante, son courage indomptable, la fierté révolutionnaire qui l'anime emportent, sinon l'adhésion de tous, du moins l'admiration générale. Elle en reste auréolée pour le reste de sa vie, d'autant plus qu'en toutes circonstances, jusqu'à sa mort, elle saura rester fidèle à ses convictions et à l'image qu'elle a donnée d'elle-même.

Si Victor Hugo lui consacre *Viro Major* et la dit « incapable de tout ce qui n'est pas héroïsme et vertu »; si, plus tard, Verlaine lui dédie une ballade (« Elle aime le Pauvre âpre et franc, [ou timide; elle est la faucille dans le blé mur pour le pain blanc »); si Barrès, qui songeait à écrire sa biographie, ne peut cacher sa sympathie pour cette « Velleda, amoureuse repoussée de Ferré, une sorcière, une fée, une sœur de charité, une pétroleuse », qu'il devrait « mépriser », et que, cependant il « aime », ajoutant: « Ne la battez pas, agents, soyez respectueux. Juges, taisez-vous. Cette vieille folle vaut mieux que vous qui dites: " La femme Michel." Si vous insistez, vous me faites connaître qu'elle est une sainte. Pourquoi donc? Elle a la flamme ». Si Barbusse affirme que « la comparaison s'impose entre elle et les premiers martyrs de la foi chrétienne, comme, dans d'autres cas, elle s'impose entre elle et la Vierge lorraine qui naquit il y a cinq cents ans dans la même région qu'elle. On peut le dire: elle a donné sa vie, comme les saintes et les rédempteurs. Elle ne l'a pas donnée pour complaire aux nébuleuses idoles du ciel, mais pour une cause terrestre, palpitante »; si tant d'hommes de cœur et d'avenir lui ont voué gratitude et respect, c'est qu'elle fut, dans sa sincérité et son total dévouement, malgré ses faiblesses et ses erreurs, déjà de l'humanité de demain.

Exécution d'une pétroleuse pendant la semaine sanglante.
Illustrated London News.

Avant d'esquisser son portrait physique, moral et intellectuel et de tenter une approche raisonnée de ses idées philosophiques et politiques, nous résumerons à grands traits une biographie déjà connue et, depuis l'étude remarquable que lui a consacrée Édith Thomas, désormais sans mystères.

Louise Michel est née le 29 mai 1830, à six heures du soir, à Vroncourt (Haute-Marne). Plusieurs biographes de Louise ont donné d'autres dates. C'est que Louise Michel elle-même a volontairement entretenu la confusion à ce sujet. Coquetterie féminine ou volonté déterminée de tromper la police, elle s'est souvent rajeunie, parfois de cinq ou six ans. Le doute, cependant, n'est aujourd'hui plus permis. C'est bien en 1830 qu'elle est née.

Victor Hugo à Louise Michel
VIRO MAJOR

Ayant vu le massacre immense, le combat
Le peuple sur sa croix, Paris sur son grabat,
La pitié formidable était dans tes paroles.
Tu faisais ce que font les grandes âmes folles
Et, lasse de lutter, de rêver, de souffrir,
Tu disais : « J'ai tué ! » car tu voulais mourir.

Tu mentais contre toi, terrible et surhumaine.
Judith la sombre Juive, Aria la Romaine
Eussent battu des mains pendant que tu parlais.
Tu disais aux greniers : « J'ai brûlé les palais ! »
Tu glorifiais ceux qu'on écrase et qu'on foule.
Tu criais : « J'ai tué ! Qu'on me tue ! — Et la foule
Écoutait cette femme altière s'accuser.
Tu semblais envoyer au sépulcre un baiser ;
Ton œil fixe pesait sur les juges livides ;
Et tu songeais, pareille aux graves Euménides.

La pâle mort était debout derrière toi.
Toute la vaste salle était pleine d'effroi.
Car le peuple saignant hait la guerre civile.
Dehors on entendait la rumeur de la ville.
Cette femme écoutait la vie aux bruits confus
D'en haut, dans l'attitude austère du refus.
Elle n'avait pas l'air de comprendre autre chose
Qu'un pilori dressé pour une apothéose ;
Et, trouvant l'affront noble et le supplice beau
Sinistre, elle hâtait le pas vers le tombeau
Les juges murmuraient : « Qu'elle meure ! C'est juste
Elle est infâme — A moins qu'elle ne soit auguste »
Disait leur conscience. Et les juges, pensifs
Devant oui, devant non, comme entre deux récifs
Hésitaient, regardant la sévère coupable.

Et ceux qui, comme moi, te savent incapable
De tout ce qui n'est pas héroïsme et vertu,
Qui savent que si l'on te disait : « D'où viens-tu ? »
Tu répondrais : « Je viens de la nuit où l'on souffre ;
Oui, je sors du devoir dont vous faites un gouffre !
Ceux qui savent tes vers mystérieux et doux,
Tes jours, tes nuits, tes soins, tes pleurs donnés à tous,
Ton oubli de toi-même à secourir les autres
Ta parole semblable aux flammes des apôtres ;
Ceux qui savent le toit sans feu, sans air, sans pain
Le lit de sangle avec la table de sapin
Ta bonté, ta fierté de femme populaire.
L'âpre attendrissement qui dort sous ta colère.

Ton long regard de haine à tous les inhumains
Et les pieds des enfants réchauffés dans tes mains ;
Ceux-là, femme, devant ta majesté farouche
Méditaient, et malgré l'amer pli de ta bouche
Malgré le maudisseur qui, s'acharnant sur toi
Te jetait tous les cris indignés de la loi
Malgré ta voix fatale et haute qui t'accuse
Voyaient resplendir l'ange à travers la méduse.

Tu fus haute, et semblas étrange en ces débats ;
Car, chétifs comme sont les vivants d'ici-bas,
Rien ne les trouble plus que deux âmes mêlées
Que le divin chaos des choses étoilées
Aperçu tout au fond d'un grand cœur inclément
Et qu'un rayonnement vu dans un flamboiement.

Décembre 1871   Victor Hugo

Verlaine
BALLADE EN L'HONNEUR DE LOUISE MICHEL

Madame et Pauline Roland,
Charlotte, Théroigne, Lucile,
Presque Jeanne d'Arc, étoilant
Le front de la foule imbécile,
Nom des cieux, cœur divin qu'exile
Cette espèce de moins que rien
France bourgeoise au dos facile
Louise Michel est très bien.

Elle aime le Pauvre âpre et franc
Ou timide, elle est la faucille
Dans le blé mûr pour le pain blanc
Du Pauvre, et la sainte Cécile,
Et la Muse rauque et gracile
Du Pauvre et son ange gardien
A ce simple ; à cet imbécile.
Louise Michel est très bien.

Gouvernements et maltalent,
Mégathérium ou bacille,
Soldat brut, robin insolent,
Ou quelque compromis fragile,
Tout cela son courroux chrétien
L'écrase d'un mépris agile.
Louise Michel est très bien.

Envoi

Citoyenne ! Votre évangile
On meurt pour ! c'est l'Honneur ! et bien
Loin des Taxil et des Bazile,
Louise Michel est très bien.

Ce poème de Verlaine a été publié pour la première fois en 1888, chez Léon Vanier dans « Amour » après avoir paru dans « Paris-Vivant ».

S'il est certain, d'autre part, que sa mère se prénommait Marie-Anne Michel (selon l'acte de naissance) ou Marianne (comme on l'appelait), femme de chambre au château de Vroncourt, il n'est pas possible de déterminer avec exactitude qui fut son père. Étienne-Charles Demahis, propriétaire du château et maire de Vroncourt, ou son fils Laurent ? Les uns penchent pour le père, les autres pour le fils, et nous serions plutôt de ceux-là.

Quoi qu'il en soit, Laurent quitta le château peu après la naissance pour aller s'établir dans une ferme voisine et Marianne resta chez les Demahis, avec sa fille, entourée de l'affection d'Étienne-Charles et de son épouse, que Louise considérera toujours comme ses grands-parents.

Élevée comme l'étaient les filles de la petite noblesse éclairée de province, Louise — que l'on appelle alors Louise Demahis — a fait de solides études. Étienne-Charles Demahis meurt en 1844, Laurent en 1847, Mme Demahis en 1850, laissant quelques biens à Marianne Michel. Louise, qui a passé trois mois dans un pensionnat de Lagny pour y parfaire ses connaissances, ouvre une école privée en septembre 1852 à Audeloncourt, village proche de Vroncourt. En 1853, elle se rend à Paris et y tient la place de « sous-maîtresse », mais revient dès 1854 à son établissement d'Audeloncourt. Faute d'élèves (les enfants du village fréquentent tous l'école publique) elle ouvre une nouvelle école à Clefmont (1854), puis à Millières (1855), toujours en Haute-Marne.

Paris, visiblement, la tente. Laissant, à contre-cœur, sa mère à Vroncourt, elle gagne la capitale, fin 1856 ou début 1857, et devient « sous-maîtresse » à la pension de Mme Vollier, 14, rue du Château-d'eau. Son amie Julie Longchamp, qui tenait avec elle l'école de Millières, vient l'y rejoindre. Ainsi commence la vie parisienne de Louise Michel.

Marianne Michel, la mère de Louise.

Louise Michel va passer la quinzaine d'années qui sépare les débuts de son installation à Paris de la guerre de 1870 à enseigner, à étudier et à militer, peu à peu, au sein de diverses organisations culturelles et politiques. C'est de cette époque que date son évolution « à gauche », dans le contexte de l'Empire en proie à des difficultés de plus en plus grandes au fur et à mesure que coule le temps.

En 1865, sa mère a vendu les terres provenant de l'héritage des Demahis, sauf une vigne qu'elle garde pour elle. Avec l'argent ainsi recueilli, elle achète pour sa fille un externat sis 5, rue des Cloys. Louise s'y installera avec Mme Vollier, qui meurt bientôt et que remplace une vieille institutrice, infirme et à demi-aveugle, Caroline Lhomme.

En 1868, elle déménage à nouveau et ouvre un cours, 24, rue Oudot, aidée par Mlle Poulin, de faible santé, elle aussi.

De plus en plus engagée dans l'action politique, elle assiste aux obsèques de Victor Noir, journaliste républicain assassiné par un cousin de l'empereur, Pierre Bonaparte. Pour l'occasion, elle s'est habillée en homme et porte un poignard sous ses vêtements. Les blanquistes avaient espéré qu'une révolution sortirait de la manifestation. Louise, comme eux, en attendait beaucoup. C'est assez déçue qu'elle regagne son domicile. Il ne s'était rien passé.

Le 14 août 1870, les blanquistes tentent de s'emparer de la caserne des pompiers de La Villette. Leur coup échoue. Blanqui réussit à se réfugier en Belgique, mais Eudes et Brideau sont arrêtés. Louise manifeste le 15 en leur faveur et se charge, les jours suivants, de recueillir des signatures sous une pétition qu'elle va porter au gouverneur militaire de Paris, le général Trochu.

A la veille de la chute de Strasbourg menacée par les troupes prussiennes, elle lance un appel aux infirmières des remparts et aux « citoyens de la libre pensée » pour les inciter à se porter au secours de la ville encerclée. C'est à cette époque qu'elle adhère aux deux Comités de vigilance du XVIIIe arrondissement (celui des hommes et celui des femmes). Elle y fait la connaissance de Théophile Ferré.

Elle participe ensuite aux diverses manifestations populaires qui réclament des mesures de défense nationale et, le 31 octobre, la Commune. Le 1er décembre, elle est arrêtée et maintenue en prison durant deux jours à la suite d'une manifestation de femmes. Le 22 janvier 1871, pour la première fois également, elle prend un fusil pour se joindre aux manifestants qui entourent l'Hôtel de Ville. Elle entend siffler les balles tirées par les mobiles bretons de Trochu et fait le coup de feu contre eux.

Dans la nuit du 17 au 18 mars, Louise se trouve à Montmartre où elle veille, au 6 de la rue des Rosiers, aux côtés des soldats du 61e bataillon, sur les canons que le peuple refuse de livrer à Versailles. A l'approche des troupes de Thiers, elle se précipite au Comité de vigilance pour donner l'alerte. Une colonne y est déjà en formation. Louise se joint à elle et marche vers la Butte. « Dans l'aube qui se levait, on entendait le tocsin ; nous montions au pas de charge, sachant qu'au sommet il y avait une armée rangée en bataille. Nous pensions mourir pour la liberté. On était comme soulevé de terre. Nous morts, Paris se fût levé. Les foules à certaines heures sont l'avant-garde de l'océan humain. »

Durant les premières semaines de la Commune, Louise se dépense sans compter dans les œuvres sociales ou pédagogiques qu'elle anime. Mais lorsque vient l'heure du péril, quand, le 3 avril, les Versaillais passent à l'assaut, elle reprend le fusil. On la voit au Champs-de-Mars, à Clamart, à Issy-les-Moulineaux, à Neuilly, dans les rangs du 61e bataillon de Montmartre. Le 10 avril 1871, le *Journal officiel de la Commune* cite cette combattante intrépide.

Le 21 mai, les Versaillais lancent l'assaut final. Dombrowski l'envoie en compagnie de Mme Mariani et de quelques fédérés prévenir le Comité de vigilance de Montmartre. Elle y court et retrouve ses camarades du 61e bataillon.

Tandis que retentissent les dernières fusillades, elle

Étienne Charles Demahis :
grand-père de Louise,
père présumé.

Dessin original, par Louise, de sa maison natale.
Bibl. Marguerite Durand.

apprend que sa mère a été arrêtée à sa place. Elle se livre alors aux officiers de Thiers qui, le 24 mai 1871, la transfèrent à Versailles, puis à la prison d'Arras d'où elle est ramenée le 29 novembre. Le 16 décembre 1871, elle est condamnée à la déportation dans une enceinte fortifiée et refuse d'aller en appel. Ferré, qu'elle aimait, a été condamné à mort le 2 septembre. Il sera exécuté le 28 novembre, en même temps que Rossel et Bourgeois.

Le 21 décembre 1871, Louise Michel et un certain nombre de femmes condamnées comme elle arrivent à la centrale d'Auberive, en Haute-Marne. Elle va y séjourner près de deux ans. C'est le 24 août 1873 seulement qu'elle en est extraite. *Via* Langres et Paris, le convoi de déportées auquel elle appartient gagne La Rochelle, puis Rochefort, où l'on embarque sur le *Virginie* à destination de la Nouvelle-Calédonie. Au bout de quatre mois de voyage, les bagnards arrivent en vue des côtes calédoniennes. Nous sommes le 10 décembre 1873.

Louise va passer sept ans sur cette île perdue, située à 1 400 kilomètres à l'est de l'Australie. Elle y retrouve de nombreuses connaissances et, face à une administration tatillonne, souvent cruelle et presque toujours hostile, elle connaît la vie difficile des déportés, étudiant, luttant, ne perdant jamais le droit-fil de ses convictions révolutionnaires, notamment en se rangeant délibérément aux côtés des Canaques révoltés.

La Nouvelle-Calédonie a servi de terre de déportation aux condamnés à plus de huit ans de travaux forcés, de 1863 à 1896. Les études qui lui sont consacrées avant 1863 sont assez rares. On peut noter, paru en 1862, *la Nouvelle-Calédonie et ses habitants, production, mœurs, cannibalisme,* du Dr Victor de Rochas (éd. F. Sartorius).

Le nombre des déportés de la Commune en Nouvelle-Calédonie varie selon les sources. Si l'on s'en tient à l'« État des travaux des conseils de guerre » publié en 1875, le bilan des condamnations est le suivant:

270 condamnations à la peine capitale (dont 26 furent effectivement exécutées); 410 communards (dont 20 femmes), condamnés aux travaux forcés; 3 989 (dont 20 femmes), à la déportation dans une enceinte fortifiée; 3 507 (dont 16 femmes) à la déportation simple; 1 269 à la détention; 64 à la réclusion, 29 aux travaux publics. Au total, 13 440 condamnations (dont 3 313 par contumace) avaient été prononcées. Il faut y ajouter environ 300 condamnations consécutives aux mouvements de 1871 en province.

Selon le « Rapport d'ensemble de M. le général Appert sur les opérations de la justice militaire relatives à l'insurrection de 1871 » présenté devant l'Assemblée nationale le 20 juillet 1875, il y eut 93 condamnations à mort, (dont 23 furent exécutées), 251 condamnations aux travaux forcés à vie ou à temps, 1 169 à la déportation dans une enceinte fortifiée; 3 417 à la déportation simple; 1 247 à la réclusion; 1 305 à un emprisonnement de plus d'un an. Pour ce qui est des condamnations à mort suivies d'effet, l'« état des travaux du conseil de guerre » est plus véridique que le rapport Appert. Les noms des 26 exécutés sont connus. La liste en est énumérée dans *la Commune de 1871* de Bruhat, Dautry et Tersen. Les travaux de Jean Maîtron, assisté de Mlle Egrot, qui a dépouillé systématiquement les 10 000 dossiers contradictoires » de la série BB24 des Archives nationales et les 3 300 dossiers « contumaces » des Archives du ministère de la Guerre, ont donné pour la première fois une vue complète des condamnations de la Commune et, selon une expression de l'auteur, rejeté « aux oubliettes de l'histoire le fantaisiste rapport Appert ». Le lecteur curieux aura donc le plus grand intérêt à consulter le *Dictionnaire biographique du mouvement ouvrier français* de Jean Maîtron.

Illustrated London News.

Les déportations en Nouvelle-Calédonie (dans la presqu'île Ducos pour les condamnés à la déportation dans une enceinte fortifiée; dans l'île des Pins et l'île Nou pour les autres) commencèrent le 3 mai 1872 avec le départ de la frégate *Danaé.* Les conditions du transport et de la déportation furent souvent atroces. Lissagaray, dans son *Histoire de la Commune de 1871* estime « à 3 000 au moins » le nombre des prisonniers morts « dans les dépôts, les pontons, les forts, les prisons, la Nouvelle-Calédonie, l'exil ou les maladies contractées pendant la captivité ».

Le 8 mai 1879, la peine de Louise Michel est commuée en détention simple. A partir du 16 juin, elle obtient un poste d'institutrice à Nouméa, aux appointements de 720 francs. Le 16 octobre, elle bénéficie d'une remise de peine, qu'elle refuse, entendant n'être libérée que lorsque tous ses camarades le seront. Le 11 juillet 1880, enfin, c'est l'amnistie pour tous les condamnés de la Commune. En même temps qu'elle apprend l'heureuse nouvelle, Louise est informée de la maladie de sa mère, frappée de paralysie. Elle se hâte de quitter la Nouvelle-Calédonie par le courrier régulier (grâce à l'argent qu'elle a gagné en tant qu'institutrice) et atteint Londres le 7 novembre 1880, après une brève escale à Sidney. Dès le 9, elle est à Paris où une foule immense l'accueille à la gare Saint-Lazare.

Louise Michel va désormais consacrer sa vie à l'action militante. Durant quinze années, elle parcourt la France, séjourne pendant environ cinq ans en Angleterre où elle ouvre une école internationale, voyage en Hollande, en Belgique, en Algérie. Persécutée par la police et la justice (elle est condamnée à plusieurs reprises, notamment le 23 juin 1883 à la suite de sa participation à une manifestation de chômeurs aux Invalides (9 mars 1883), qui lui vaut six ans de réclusion et deux ans de surveillance de haute-police, mais sera grâciée le 5 janvier 1885), victime de provocations, frappée durement par la mort de sa mère (3 janvier 1885), elle combat inlassablement, forçant l'admiration de ses pires ennemis.

Sa santé se ressent des privations qu'elle a subies et de la vie mouvementée qu'elle connaît depuis tant d'années. Gravement malade en mars 1904, elle se remet cependant et reprend ses tournées de conférences et meetings.

Mais, moins d'un an plus tard, c'est la fin. Épuisée, elle meurt le 9 janvier 1905, à Marseille où elle est arrivée le 5. Son corps sera ramené à Paris, le 21 janvier. Un immense cortège l'accompagne de la gare de Lyon au cimetière de Levallois. Ce jour-là, à Saint-Pétersbourg, la police tire sur la foule désarmée : c'est le « Dimanche rouge »...

Dessin de Louise Michel.
Bibl. Marguerite Durand.

Juin 1871

Sur une barricade, au milieu des pavés
Souillés d'un sang coupable et d'un sang pur lavés
Un enfant de douze ans est pris avec des hommes
Es-tu de ceux-là, toi ? — L'enfant dit : nous en sommes.
C'est bon, dit l'officier, on va te fusiller.
Attends ton tour — L'enfant voit des éclairs briller,
Et tous ses compagnons tomber sous la muraille.
Il dit à l'officier : Permettez vous que j'aille
Rapporter cette montre à ma mère chez nous ?
Tu veux t'enfuir ? — Je vais revenir — Ces voyous
Ont peur ! Où loges-tu ? — Là près de la fontaine.
Et je vais revenir, monsieur le capitaine.
Va t'en, drôle ! — L'enfant s'en va — Piège grossier
Et les soldats riaient avec leur officier,
Et les mourants mêlaient à ce rire leur râle.
Mais le rire cessa, car soudain l'enfant pâle
Brusquement reparu, fier comme Viala
Vint s'adosser au mur et leur dit : Me voilà.

(V. Hugo)

Louise Michel.
Photo H.R. Viollet.

PORTRAIT

La fusillade de
la place de l'Hôtel de Ville
du 22 janvier 1871.
Illustrated London News.

Qui était Louise Michel? A quoi ressemblait-elle? Ses ennemis, à la fin du siècle, l'appellent « Larme-à-l'œil », « Mère Michel » (un journaliste parle même de « l'amère Michel », ou « Mère aux chats »). Ils en font un épouvantail et parlent de sa laideur comme s'il s'agissait d'un argument politique.

De fait, Louise Michel n'est pas une Vénus. Enfant, elle n'a pas la grâce des bébés joufflus. Jeune fille, elle se dépeint elle-même comme « laide ». Lors de son procès devant le conseil de guerre de Versailles, le chroniqueur du *Voleur* « moins venimeux que je l'aurais cru alors », dira Louise dans son livre sur la Commune, la dépeint comme « une femme âgée de trente-six ans, d'une taille au-dessus de la moyenne. Elle porte des vêtements noirs; un voile dérobe ses traits à la curiosité du public fort nombreux; sa démarche est simple et assurée; sa figure ne recèle aucune exaltation. Son front est développé et fuyant; son nez large à la base, lui donne un air peu intelligent; ses cheveux sont bruns et abondants.

« Ce qu'elle a de plus remarquable, ce sont de grands yeux d'une fixité presque fascinatrice. Elle regarde ses juges avec calme et assurance, en tout cas avec une impassibilité qui déjoue et désappointe l'esprit d'observation, cherchant à scruter les sentiments du cœur humain.

« Sur ce front impassible, on ne découvre rien, sinon la résolution de braver froidement la justice militaire, devant laquelle elle est appelée à rendre compte de sa conduite; son maintien est simple et modeste, calme et sans ostentation. »

Passent neuf années. Le journaliste allemand Théophile Zolling qui l'interviewe en 1880 écrit que « Louise Michel est laide, mais si on essaye d'oublier qu'elle est femme, sa laideur ne choque plus ». Margaret Goldsmith précise que « le bas du visage évoque certain portrait de Frédéric-le-Grand ; le front large et dénudé, aux lignes sévères, pourrait convenir à un vieux guerrier. Le nez, disgracieux, et trop long, illustre avec justesse cette boutade de Napoléon : " Lorsque je veux un chef habile, et s'il possède déjà les qualités requises, je le choisis avec un long nez." Son corps était petit et anguleux, il ignorait la grâce des lignes arrondies et la douceur des courbes ; il n'y avait aucune féminité en Louise Michel ».

Laurent Tailhade, qui l'a bien connue, ne tente pas d'embellir les traits de l'héroïne qu'il admire : « Un visage aux traits masculins, d'une laideur de peuple, creusé à coups de hache dans le cœur d'un bois plus dur que le granit, masque d'Euménide éclairé par les plus beaux yeux du monde, par des yeux de tendresse et de limpidité, un front ovale de poète ou de prophète, et, rudement implanté sur des tempes viriles, un bandeau pesant de cheveux gris, une tête énergique, malgré la patte d'oie ouverte aux commissures des paupières et l'entrelac des rides que le temps burinera, telle apparaissait au déclin de son âge, celle que les gazettes capitalistes nommaient " la Vierge rouge", ses amis " la bonne Louise " : Clémence-Louise Michel, bâtarde glorieuse d'un obscur hobereau champenois, le marquis de Vroncourt... Vilain et large, le nez s'arrondit au bout, indice de bienveillance. Un léger prognathisme fait saillir la lèvre inférieure. Tout le caractère de la bouche énorme, aux lèvres mordantes, fait voir un singulier mélange de douceur et de mépris. La chevelure coupée à la hauteur de la nuque tombe en mèches grisonnantes que partage, sur le front, une raie à la manière des femmes de Balzac. La taille est haute, plate (...), l'ossature pesante (...), la flamme d'or de ses yeux bruns (...), un chapeau de salutiste ou de quakeresse, avec sur la jupe noire de quelque deuil éternel, etc. »

Bref, Louise Michel n'avait pas été gâtée par la nature...

C'est aussi que l'âge est venu. Dès 1892, Charles Malato, qui l'a retrouvée à Londres, la dépeint comme « toujours vaillante et solide », mais « un peu courbée cependant, et la chevelure plus grisonnante qu'avant son exil (...), enveloppée dans son éternelle robe noire comme dans un drapeau de désespoir et de révolte ». Pour Malato, « Louise apparaît en quelque sorte comme une Velleda de la Sociale ».

Léon Osmin, autre témoin, lui voit une « figure énergique, aux traits accentués, cheveux courts portés en arrière, grande, éloquente, prompte à la riposte, ardente dans la bataille ».

L'identité judiciaire, en 1871, avait été plus sobre : « Taille 1 mètre 640 millimètres ; cheveux et sourcils bruns, front haut, yeux bruns, nez gros, bouche moyenne, menton rond, visage ovale, teint ordinaire. »

Lorsqu'elle revient d'exil (1880), un reporter du *Figaro* dépeint son « large front d'homme », son « visage osseux ».

Gravure de Néraudan.
Photo H.R. Viollet.

Mais la police ne lui trouve pas les cheveux grisonnants qu'a vus Malato. Lorsqu'elle la recherche pour l'arrêter en 1883, le signalement qu'on diffuse parle de « cheveux noirs abondants ».

En 1886, *Le Figaro,* qui lui fait une constante publicité, dépeint une « vieille femme en grand deuil, d'un extérieur de duègne, avec ses pommettes roses et sa voix douce ». La même année, l'éditeur Roy qui publie ses *Mémoires,* déclare avoir été « subjugué, charmé, fasciné, conquis » par cette femme « à la voix douce, aux yeux pétillants d'intelligence et respirant la bonté ». En 1888, un journaliste du *Cri du peuple* est frappé par « ses yeux gris-bleu, vifs, au regard un peu diffus ». En tout cas, le journal très réactionnaire *le Gaulois,* ne tarit pas d'éloges, quatre mois plus tard, sur « ce clair rayon dans les yeux, avec ce bon sourire, avec cette expression ironique et tendre, avec ce pétillement d'intelligence et de malice ».

Louise Michel à neuf ans.

Viennent les toutes dernières années. Si *l'Écho de Paris,* en 1895, l'a trouvée amaigrie, ridée, rapetissée par l'âge ; si l'éditeur Stock la trouve « d'emblée sympathique » en 1898 avec son « visage masculin, taillé à coups de serpe, des yeux francs exprimant une grande bonté, une voix d'une douceur extraordinaire, le front très haut, les cheveux grisonnants, tombant sans apprêt en boucles tout autour de la tête ; entièrement de noir vêtue, coiffée d'un chapeau informe, habillée à la six-quatre-deux, la jupe ajustée au hasard, sur le côté, ou le derrière devant » — elle apparaît comme « une pauvre vieille tête ravagée, aux cheveux coupés, qui lui donnaient un air de prisonnière fraîchement sortie de prison et sa voix est devenue imperceptible » si l'on en croit un témoin de 1903, ou du moins affaiblie selon un rapport de police qui précise, en septembre de la même année : « Elle n'a plus la même énergie, ni les mêmes envolées qu'autrefois. Elle cause posément, comme un pasteur ou comme un professeur, avec beaucoup de douceur. » En juin 1904, les policiers la signalent comme « maigre de figure, cheveux gris, voûtée, marchant difficilement ».

Telle est sans doute la dernière impression qu'elle laisse à ses proches. Six mois plus tard, elle n'était plus.

Le physique ingrat de Louise Michel cache une personnalité d'une exceptionnelle richesse, complexe et souvent tourmentée, tout entière animée par le sens du devoir, la générosité humaine, l'esprit de sacrifice poussé jusqu'à l'héroïsme et une constante volonté de servir qui s'exprime jusqu'à la mort.

Les traits psychologiques de Louise Michel ont évidemment évolué avec l'âge et avec l'expérience. Mais on y décèle des constantes qui permettent d'en fixer les contours et de mieux comprendre sa vie et son action.

Dès son enfance, Louise est une *romantique* (nous emploierons ce terme, faute d'avoir trouvé un mot plus précis), une sentimentale. Dans les premières pages de ses

Mémoires, elle écrit : « J'avoue qu'il y aura du sentiment ; nous autres femmes, nous n'avons pas la prétention d'arracher le cœur de nos poitrines ; nous trouvons l'être humain — j'allais dire, la bête humaine — assez incomplet comme cela ; nous préférons souffrir et vivre par le sentiment aussi bien que par l'intelligence (p. 4).

Ce « sentiment » s'exprimera tout au long de sa vie — en politique aussi — sous divers aspects. Il se traduit par un certain pessimisme où l'idée de la mort tient une place essentielle : « Je n'ai pas le mal du pays, mais j'ai le mal des morts. » Dans un moment de désespoir, elle s'écrie : « J'ai horreur du jour, de l'été, de tout ce qui vit. » Et dans ses *Mémoires* encore, qu'elle a dédicacés à sa mère et à son amie Marie Ferré, mortes toutes deux, elle écrit : « Va, mon livre, sur les tombes où elles dorment ! Que vite s'use ma vie pour que bientôt je dorme auprès d'elles. Et maintenant, si par hasard mon activité produisait quelque bien, ne m'en sachez aucun gré, vous tous qui jugez par les faits : je m'étourdis, voilà tout (...) N'ayant rien à espérer ni rien à craindre, je me hâte vers le but, comme ceux qui jettent la coupe avec le reste de la lie. »

Pensées d'une femme vieillie et battue par l'orage, certes. Mais résurgence aussi du romantisme de la prime jeunesse. Son grand-père vient de mourir. Elle craint que sa grand-mère à son tour disparaisse et écrit en vers :

« Hélas, pourquoi ces jours ont-ils passé si vite ?
Déjà tu restes seule et sur ton front serein
J'ai peur de voir une ombre et que tu ne me quittes
Comme au jour où l'aïeul mourut, tenant ma main. »

Les poèmes qu'elle écrit, jeune châtelaine à Vroncourt ou institutrice en Haute-Marne, ceux dont elle ne cessera de rimer les vers au long de sa vie, sont pleins de l'idée de la mort. Lorsqu'elle s'enthousiasmera, vers la fin du siècle, pour les nihilistes russes, elle écrira :

« Les cœurs sont chauds comme la braise,
Les cœurs sont froids comme la mort
....
Quand le vent des steppes balance
Braves, vos pâles ossements. »

Les atrocités versaillaises ont renforcé en elle cette sorte de fascination que la mort exerce sur ses sentiments. A un journaliste qui l'interviewe en 1894 à propos de l'attentat anarchiste commis par Émile Henry, elle explique qu'étant fils d'un condamné à mort de la Commune, « c'est Hamlet rêvant au cimetière d'Elseneur, le crâne de son père dans les mains. Qu'on empêche la semaine de mai d'avoir existé si l'on veut empêcher que les fils des condamnés à mort aient eu, dans les rêves de leurs berceaux, la vision de l'hécatombe, les enterrements dans les squares, les geôles de l'agonie, les charniers de Galliffet ».

LOUISE MICHEL LA PASSION

A Sarah Bernhardt à qui elle a dédicacé ses *Mémoires,* Louise écrit:

« Voulez-vous parcourir l'histoire de ma vie, Sarah, ces feuillets sont des pierres de tombeaux. »

On rencontre chez Louise Michel une sorte de mysticisme, qui va parfois fort loin et contredit ses professions de foi rationalistes. Elle raconte elle-même dans ses *Mémoires* comment un chien lui donna le pressentiment de la mort de Mme Vollier: « La nuit était noire et triste, et dans cette ombre un chien hurlait; en revenant, il se mit à me suivre. Le hasard qui mettait cette bête sinistre sur mon chemin était d'accord avec la vérité. »

Beaucoup plus significatif que ce réflexe anodin sera à cet égard son attitude au moment de l'ultime bataille à laquelle elle participe, fin mai 1871, à Montmartre.

« Sur la porte de la mairie, les fédérés du 61e nous rejoignent — Venez, me disent-ils, nous allons mourir. Vous étiez avec nous le premier jour, il faut y être le dernier.

« Alors je fais promettre au vieux Moreau que la butte sautera, et je m'en vais avec le détachement du 61e au cimetière de Montmartre; nous y prenons position. Quoique bien peu, nous pensions tenir, tenir longtemps.

« Nous avions par place crénelé les murs avec nos mains.

« Des obus fouillaient le cimetière, devenant de plus en plus nombreux (...)

« La nuit était venue, nous étions une poignée bien décidés.

« Certains obus venaient par intervalles réguliers. On eût dit les coups d'une horloge, l'horloge de la mort.

« Par cette nuit claire, tout embaumée du parfum des fleurs, les marbres semblaient vivre.

« Plusieurs fois nous étions allés en reconnaissance, l'obus régulier tombait toujours, les autres variaient.

« Je voulus y retourner seule, cette fois l'obus tombant tout près de moi, à travers les branches, me couvrant de fleurs. C'était près de la tombe de Murger. La figure blanche jetant sur cette tombe des fleurs de marbre, faisait un effet charmant; j'y jetai une partie des miennes et l'autre, sur la tombe d'une amie, Mme Poulain, qui était sur mon chemin. »

Dans une lettre à Théophile Ferré, Louise Michel donne une précision très significative sur ce qui se passe en elle à ce moment précis. Elle y parle de « ce calme profond de la mort que j'ai toujours aimé », et, ajoute: « Je ne sais comment cela se fit, mais la vie se mêla pour moi à l'éternité et, sans surprise aucune, je sentis qu'elle (Mme Poulain) était près de moi. Longtemps je marchai ainsi. Vous dire quelle étrange chose j'éprouvais est impossible (...) Jamais je n'oublierai cette nuit. Il y a véritablement une vie supérieure... »

Au sentiment romantique de la mort s'allie un certain pessimisme que l'on retrouve aussi bien dans les œuvres

Théophile Ferré, délégué à la Sûreté générale pendant la Commune, condamné à mort puis exécuté le 28 novembre 1871. Gravure sur bois de Vallotton.

30

Louise Michel entourée de Marie Ferré
— assise — et de Paule Mink, en 1870
alors qu'elles étaient à la fête
du Comité de vigilance
de Montmartre pendant
le siège de Paris.
Photo H.R. Viollet.

de jeunesse que dans celles de l'âge avancé. En 1865, elle écrit dans « La légende du chêne » :

« O nos pères, fiers et sauvages
Bien lourd est donc votre sommeil!
Pères, n'est-il plus de présages?
N'avons-nous plus le sang vermeil! »

Ces pères, ce sont les Gaulois que Louise Michel voit toujours sous les traits de Vercingétorix prêts à mourir pour la liberté. Elle poursuit :

« Vous qui vous aimez, pourquoi vivre?
L'amour est plus fort que la mort.
Ne faut-il pas qu'on se délivre?
Heureux ceux que marque le sort.

L'hymen centuple les entraves.
A ce Tibère aux yeux sanglants
Il donne de nouveaux esclaves
Ne soyons que des combattants. »

Édouard Manet :
La barricade.
Lithographie 1871
Musée de Saint-Denis.

En 1882, elle dira : « Le mal ne meurt pas. Il surmonte tout. Ce qui torture notre société, c'est qu'elle contient une génération fatiguée, incapable de réaliser ses aspirations. D'autres viendront, qui triompheront... »

C'est que le pessimisme de Louise Michel est tempéré par l'espoir qu'elle met dans le futur. L'échec de la Commune, l'impasse dans laquelle elle se fourvoie en s'engageant sur les chemins de l'anarchie peuvent expliquer son désenchantement. Ils ne réussissent pas à tuer en elle la grande espérance du monde socialiste de demain. Malgré l'amertume qui l'étreint souvent, elle a confiance dans le peuple, qu'elle ne confond pas avec la foule. Ainsi ce passage des *Mémoires* :

« Combien de fois on devait croire le jour arrivé de les jeter aux chiffons, les loques de l'Empire, et toujours il durait ! Rien de solide comme les ruines, rien qui dure plus que les haillons.

« Allant chez Julie un jour de congé, je me croise avec une multitude qui parcourait le boulevard. Je crus l'heure arrivée !

« Mais c'était M.J. Miot qu'on emmenait en prison. Quelques-uns de ceux qui suivaient les masques de carnaval les avaient quittés pour voir emmener le vieux républicain par les valets de l'Empire ; cette foule joyeuse aux jours de deuil n'est pas le peuple, c'est la même qu'on voit aux exécutions capitales et qu'on ne trouve jamais quand il faut soulever les pavés.

« C'est le tas des inconscients qui, sans le savoir, étayent les tyrannies, prêts à prendre à la gorge et à entraîner sous l'eau quiconque veut les sauver ; c'est le grand troupeau qui tend le cou au couteau et marche sous la forêt. »

Louise Michel n'est cependant pas la désenchantée, la larmoyante que semble présenter ce premier portrait. En dépit de l'inflation lyrique qui caractérise son œuvre littéraire, elle possède en soi un fond de gaieté, voir d'esprit canularesque qui, à différentes époques de sa vie, se manifeste avec éclat.

Toute petite, elle se complaît à faire des farces aux « vilaines gens ». Plus tard, lorsqu'elle devient institutrice à Audeloncourt, et qu'elle connaît quelques difficultés avec les autorités pour s'être montrée républicaine — du moins l'affirme-t-elle dans ses *Mémoires* — elle profite des voyages qu'elle doit faire à Chaumont où elle va s'expliquer devant le préfet pour se livrer à des plaisanteries de gamine.

« Les dénonciations qui troublaient le repos de ma pauvre mère me procuraient un bon voyage à Chaumont. J'y revoyais ma pension, mes maîtresses, mes amies avec lesquelles, comme autrefois, je faisais des malices *aux vilaines gens.*

« J'y passais deux jours sous prétexte d'affaires.

« Il me souvient d'avoir, avec Clara, causé un grand émoi à certains pourfendeurs de républicains (en paroles bien entendu), sur les portes desquelles nous avions fait à la craie rouge une marque, *mystérieuse,* disaient-ils ; bien mystérieuse, car les uns y virent le triangle égalitaire (un peu allongé), les autres un instrument de supplice (inconnu) et ceux qui n'étaient pas intéressés dans l'affaire, une grande oreille d'âne. Ceux-là avaient raison. »

Un jour, durant le voyage de Chaumont à Audeloncourt, ayant encore en poche la craie rouge qui m'avait servi à marquer la porte des *vilaines gens,* avec mon amie Clara, je m'en servis pour faire le même dessin au dos d'un voyageur qui essayait l'éloge de Bonaparte, et que je fis trembler en disant : " Il faudra bien que la République vienne, nous sommes nombreux et hardis " ».

Ce sens de l'humour, Louise l'a eu toute sa vie, toute enfant déjà. Elle raconte comment, à l'école primaire, bonne élève mais facétieuse, elle avait complété le texte d'une dictée en écrivant tout ce que disait le maître.

« Les Romains étaient les maîtres du monde (Louise ne tenez pas votre plume comme un bâton ; point virgule) — mais la Gaule résista longtemps (Virginie, tenez-vous droite) à leur domination. (Les enfants du Haut de Queurot, vous venez bien tard ; un point. Ferdinand, mouchez-vous. — Les enfants du moulin, chauffez-vous les pieds). César en écrivit l'histoire, etc. »

J'ajoutais même des choses que Monsieur le maître ne disait pas, ne perdant pas une minute, griffonnant avec zèle. »

Jeune institutrice à Paris, le jeu reste pour elle une façon de vivre.

« ...On avait, par instants, des gaietés d'enfant. Nous faisions bien.

« Combien de caricatures, de folies, de gamineries échangées ! Je crois que nous avons plus souvent ressemblé à des étudiantes qu'à des institutrices.

« Il me souvient d'un soir où nous avions essayé la méthode Danel où, comme en Angleterre et en Allemagne, le nom des notes est tiré des lettres de l'alphabet (avec cette différence qu'on écrit sans portée). Nous sortions tard de la rue Hautefeuille. Il n'y avait plus d'omnibus et nous regagnions pédestrement nos réduits ; un imbécile se mit à me suivre, haut monté, sur ses longues jambes de héron. Je m'amusai d'abord à regarder, sous les réverbères, glisser cette ombre d'oiseau.

« Puis, agacée de l'entendre répéter de ces sottises à l'usage des gens qui ignorent si on leur répondra, ce qui me gâtait l'oiseau fantastique trottant sur ses longues pattes, je le regardai tout à fait en face, et de ma plus grosse voix, je me mis à descendre la gamme Danel : D, B, L, S, F, M, R, D !

« L'effet fut foudroyant.

« Était-ce l'accent un peu masculin ou les syllabes étranges formées par les quatre dernières lettres, je ne l'ai jamais su : l'oiseau avait disparu.

« Une autre fois, ayant un grand manteau qui m'enve-

Bibl. Marguerite Durand.

Marie-Clémentine, duchesse d'Uzès
(1847-1933)
finança de nombreux journaux anarchistes
dans les années 1890,
ainsi que Louise Michel
jusqu'à la fin de sa vie.
Photo H.R. Viollet.

loppait complètement, une sorte de large chapeau de peluche qui faisait beaucoup d'ombre sur le visage et des bottines *neuves* (du Temple) dont, je ne sais pourquoi les talons sonnaient fort, je retournais à pied, assez tard ; on parlait beaucoup d'attaques nocturnes dans les journaux et un bon bourgeois qui entendait sonner mes bottines et ne distinguait pas, sans doute, la forme noire qui venait de son côté, se mit à trotter avec une telle frayeur que j'eus l'envie de le suivre un peu de temps pour le bien effaroucher.

« Il allait, il allait, regardant si personne ne viendrait à son secours ! La nuit était noire, les rues désertes, le bourgeois avait une peur bleue et moi je m'amusais beaucoup.

« Il allongeait le pas tant qu'il pouvait, et moi je passais dans l'ombre en faisant sonner mes talons : c'est ce qui augmentait son effroi.

« Je ne savais plus dans quel quartier c'était, quand je laissai partir le bourgeois en lui criant : faut-il être bête ! »

Vers la même époque, elle colle une affiche républicaine sur le dos d'un sergent de ville. Elle fourre des exemplaires d'une chanson anti-bonapartiste qu'elle avait écrite sur l'air de *Malborough* dans les poches d'un policier, au cours d'une manifestation en 1863.

Pendant la Commune, elle se rend clandestinement à Versailles et, dans une librairie où elle achète des journaux, raconte pis que pendre d'elle-même. Lorsqu'elle invite la presse à la répétition générale de sa pièce, *Nadine* (1882), elle fait preuve du même humour en adressant aux chroniqueurs des journaux de toutes opinions une invitation ainsi formulée : « Laissez entrer MM. ..., partisans du Roy. Louise Michel, pétroleuse. »

En 1884, sachant que sa correspondance est surveillée, elle note sur une lettre adressée par elle à son amie la duchesse d'Uzès : « Les individus chargés d'ouvrir les lettres voudront bien au moins recacheter de suite et mettre à la poste. Ils voient bien que nous ne parlons pas d'eux. »

Est-ce au sens de l'humour de Louise qu'il faut rattacher un certain goût de la mise en scène, voire de l'ostentation théâtrale que l'on remarque chez elle ? Sa mère, en tout cas, la considère comme une « actrice » : « Je trouve que tu m'aurais été plus utile à moi et à d'autres de faire une grande actrice en n'importe quoi ; rien ne te manquait pour cela, plutôt que d'être une actrice révolutionnaire. »

De fait, Louise « joue » souvent son personnage. Devant le conseil de guerre de Versailles, elle apparaît, tout de noir vêtue fixant hautainement ses juges, comme l'incarnation de la Révolution. Plus tard, elle saura se faire attendre dans les salles où elle prend la parole « en grande vedette, ou en prêtresse inspirée qui n'a pas la notion du temps ». Un mouchard de la police la décrit comme « une grande actrice sur la scène d'un théâtre ».

Mais il est trop facile de voir un défaut dans ce que veut la fonction politique, à une époque où le geste et la voix ne sont pas encore relayés par la technique moderne de l'audiovisuel. L'art oratoire de ce temps nous apparaît aujourd'hui comme théâtral. C'est que nous jugeons partialement, sans tenir compte de l'évolution des mœurs et des moyens d'expression.

La psychologie de Louise Michel tient à un certain nombre de traits élémentaires qui ont marqué toute sa vie. L'amour filial est chez elle si profondément ancré qu'il inspirera nombre de ses actes, dans les moments les plus périlleux de sa vie.

Nous avons déjà vu qu'elle se rendra volontairement aux Versaillais pour empêcher que sa mère, arrêtée à sa place, soit livrée à la répression. A la veille de sa déportation en Nouvelle-Calédonie, elle demande à l'aumônier de la prison de Versailles, l'abbé Folley, avec lequel elle s'est liée d'amitié, de donner des nouvelles d'elle à sa mère comme s'il en avait reçu. Le voyage vers une île lointaine ne déplaît pas à cet esprit romantique. Elle serait allée plus loin encore, n'eût été sa mère :

« Comme au seuil du désert l'horizon est immense !
« Enfant, où t'en vas-tu par le sentier nouveau ?
« Là-bas, dans l'inconnu, quelle est ton espérance ?
« Où je vais ? Je ne sais ; vers le bien, vers le beau.
« Je ne veux ni pleurer ni retourner la tête ;
« Si ce n'était ma mère, ah ! bien plus loin encor,
« Par la vie incertaine où souffle la tempête,
« J'irais comme l'on suit les sons lointains du cor.

Lorsqu'elle revient d'exil, hâtant son voyage pour retrouver sa mère frappée de paralysie, elle déclare à un journaliste de *l'Événement :* « Si ma mère était morte avant que j'ai pu la revoir, j'aurais tué Gambetta. »

Plus tard, lorsqu'elle sera de nouveau condamnée à la prison, c'est encore à sa mère qu'elle pense d'abord. Le 27 juin 1883, elle écrit au préfet de police pour lui demander de ne pas être transférée de la prison de Saint-Lazare à une geôle plus lointaine :

« Vous devez être persuadé que m'étant rendue avec la perspective de cinq ou vingt ans de bagne, mon intention n'est pas de le fuir. Si vous avez quelque confiance en ma parole (à laquelle je n'ai jamais manqué) vous voudrez bien m'accorder d'occuper pendant quelque temps une cellule à Saint-Lazare. Cette prolongation a pour but d'obtenir que ma mère supporte, sans mourir, un coup qu'on ne peut lui porter de suite. Peut-être m'accorderez-vous de la voir encore une fois, car elle ignore tout et me croit encore chez des amis. Prenez toutes les précautions que vous jugerez convenables, quoique ce ne soit pas la peine avec moi. Tout le monde a sa mère qu'on doit mettre en dehors de toutes luttes (...)

P.S. J'apprends à l'instant qu'on a tout dit à ma mère. Permettez-moi de la revoir de suite, car avec cette nouvelle, tout est fini. Je lui ai écrit qu'on s'était trompé, que c'était un an. Je voudrais qu'elle me vît avant de mourir ; on l'a tuée. »

Louise est cependant transférée à la prison de Clermont-de-l'Oise, sans avoir pu rencontrer sa mère. Elle lui cache ce changement. Apprenant que Marianne veut aller lui rendre visite à Saint-Lazare, elle s'affole. Elle fait tant qu'on l'autorise finalement à aller voir sa mère durant quelques heures. Transportée de nuit à Paris au milieu d'un luxe de précautions policières incroyables, elle rencontre Marianne à son domicile (31 août 1er septembre 1883). Elle regagne Clermont-de-l'Oise, mais continue à jouer la comédie à sa mère à qui elle fait croire qu'elle est toujours à Saint-Lazare, dans des condition de détention quasiment fastueuses. Le 6 février 1884, puis le 29 août, deux nouvelles visites à Marianne, de plus en plus faible, sont également organisées, selon le même scénario.

Le 21 novembre 1884, elle écrit au ministre de l'Intérieur :

« Je n'ai que ma mère au monde. Si je pouvais élever la voix, mes plus cruels ennemis demanderaient pour moi, vu les circonstances présentes, un transfèrement immédiat à Paris, puisque d'un instant à l'autre, elle peut doublement m'être enlevée. Je ne demande ni visites ni lettres dans la prison où on me mettra. Je n'aurai pas d'extraction si on veut, mais je serai à Paris, respirant le même air, et ma mère me saura là ; c'est vivante et non morte qu'elle peut éprouver ce bonheur. »

En décembre, l'état de Marianne empire. Sur intervention de Clemenceau, le ministre de l'Intérieur permet à Louise de se rendre auprès d'elle. Mais elle est ramenée à Clermont dans un désespoir profond. Le 8 décembre, nouvelle visite à Marianne et, cette fois, internement à Saint-Lazare. Quelques jours plus tard, le préfet de police lui permet de rester au domicile de sa mère, gardé par les policiers comme une forteresse. Le 3 janvier 1885, Marianne meurt et l'on craint que Louise se suicide. Les obsèques ont lieu le 5. Louise n'est pas autorisée à y assister. Elle réintègre sa cellule de Saint-Lazare.

« ...On a bien agi avec moi, car j'ai pu rester auprès d'elle jusqu'à la fin, écrit-elle dans ses *Mémoires*, et l'ayant moi-même couchée comme elle aimait l'être, j'ai quitté pour toujours la maison. Elle ne souffrait plus. (...) Je savais bien que je l'aimais, mais j'ignorais l'immense étendue de cette affection ; c'est en brisant son existence que la mort me l'a fait sentir. »

L'amour de Louise Michel pour sa mère n'est pas sans rapport avec l'attitude profondément humaine qui caractérise sa vie et sa pensée. Les traits de pessimisme que l'on retrouve dans ses écrits sont toujours la conséquence d'une déception passagère. Mais, fondamentalement, Louise a confiance en l'homme. L'expérience qu'elle aura des prisons et de ceux qui les hantent ne fait que renforcer en elle une sorte de rousseauisme socialement raisonné dont elle ne se départira jamais.

« Oui, j'en avais vu des bandis et des filles et je leur

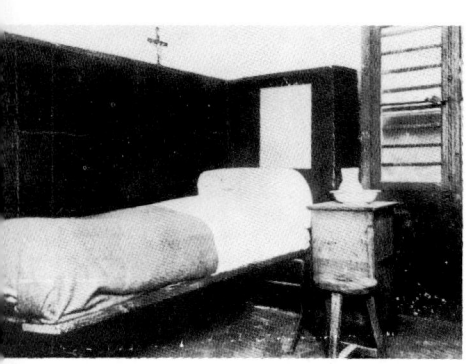

La cellule de Louise Michel à la prison de Saint-Lazare.

PORTRAIT

avais parlé. Combien j'en vis depuis et combien de choses ils me racontèrent.

« Est-ce que vous croyez que l'on vient au monde avec un couteau ouvert pour vous chouriner ou une carte à la main pour se vendre ? On n'y vient pas non plus avec une canne plombée pour être sbire, ou un portefeuille de ministre pour être pris des vertiges du pouvoir, et traîner des nations dans sa chute.

« Nul bandit qui n'aurait pu être un honnête homme ! Nul honnête homme qui ne soit capable de commettre des crimes dans les affolements où jettent les préjugés du vieux monde maudit ! »

Louise a toujours eu un faible pour les malheureux, fussent-ils des déclassés. Durant le siège de Paris, elle se dévoue sans compter pour soulager la misère qui accable le peuple. Clemenceau raconte qu'il la trouva un jour chez elle offrant à manger à un individu qu'il savait être un voleur.

— Savez-vous, dit-il à Louise, que cet homme a volé ?
— Eh bien ! répondit-elle, il a faim tout de même.

Lorsque le « chouan » Lucas la blesse d'une balle de pistolet, elle refuse de porter plainte contre lui. Elle écrit à la femme de son agresseur :

« Madame, apprenant votre chagrin, je désirerais vous rassurer. Soyez tranquille. Comme il est inadmissible que votre mari ait agi avec discernement, il est impossible qu'il ne vous soit pas rendu. »

La bonté de Louise Michel était proverbiale. Elle donnait tout ce qu'elle possédait. Lorsqu'elle part pour le grand voyage de la déportation, elle n'a en poche que deux francs cinquante. Elle est la plus dépourvue de tous les déportés. Sur le *Virginie,* elle n'a même pas de souliers. Le commandant Launay, seul maître à bord après Dieu, en est gêné. Sachant que Louise n'acceptera rien de lui, il suggère à Rochefort de lui offrir une paire de chaussures comme si elle venait de lui. Rochefort prétend donc que ces chaussures lui appartiennent, mais qu'elles sont trop petites pour lui : « Pendant deux jours, j'eus, en effet, la satisfaction de les voir à ses pieds. Seulement, le troisième, ils étaient aux pieds d'une autre. Car ne rien posséder au monde n'est pas toujours un motif pour ne pas être exploité. »

Victor-Henri, marquis de Rochefort, né en 1831, plus connu sous le nom d'Henri Rochefort, avait combattu l'Empire et ce polémiste redoutable (son journal s'intitulait *la Lanterne*), partisan de la Commune dans les rangs que l'on dirait aujourd'hui « modérés », avait été condamné, le 21 septembre 1871, à la même peine que Louise Michel. Il fut déporté sur le même bateau. Il s'évada de Nouvelle-Calédonie le 20 mars 1874. Exilé en Angleterre, il rentrera à Paris le lendemain même de la promulgation de la loi d'amnistie (11 juillet 1880). En dépit de ses retournements politiques ultérieurs, il gardera toujours une fidèle amitié à Louise Michel.

Portrait de Henri de Rochefort en 1871 — Musée de Saint-Denis.

Pour Louise Michel l'argent n'existait pas. Elle fut toujours pauvre et ce que le monde bourgeois nomme l'intérêt personnel lui était totalement étranger. Ce qu'elle put gagner en donnant des conférences n'était jamais pour elle. Elle se battit toute sa vie durant contre la misère avec une totale incompétence, fruit de son mépris des richesses. Mais — et il n'y a là nulle contradiction — elle n'hésitait pas à solliciter ses amis lorsqu'elle se trouvait dans le dénuement, quitte à céder aussitôt à quelque quémandeur la somme qu'on venait de lui donner.

La générosité de Louise Michel est reconnue par tous, même par ses adversaires. Lorsqu'elle est en prison, elle distribue tout ce qu'elle possède à ses compagnes, prisonnières de « droit commun » sur lesquelles elle exerce une influence telle que les directeurs de Saint-Lazare et de Clermont-de-l'Oise souhaitent qu'elle ne quitte pas leur établissement où, grâce à elle, la surveillance devient presque inutile ! Elle donne tout ce qu'elle a. « Pour l'empêcher de mourir de faim, écrit Rochefort, le directeur (de Saint-Lazare) et moi-même, la forcions à manger devant nous les quelques gâteaux que je lui apportais. »

Toute jeune déjà, elle avait été punie par sa mère ou ses grands-parents pour avoir donné aux « pauvres » ce qu'elle volait elle-même pour pouvoir satisfaire son besoin de charité.

Le sens profond de la fraternité que possède Louise Michel s'étend à tous les misérables et, parmi eux, les animaux occupent dans son esprit pitoyable une place privilégiée.

Elle écrira dans ses *Mémoires* : « Au fond de ma révolte contre les forts, je trouve du plus loin qu'il me souvienne l'horreur des tortures infligées aux bêtes.

« J'aurais voulu que l'animal se vengeât, que le chien mordît celui qui l'assommait de coups, que le cheval saignant renversât son bourreau ; mais toujours la bête muette subit son sort avec la résignation des races domptées.

« Quelle pitié que la bête !

« Depuis la grenouille que le paysan coupe en deux, laissant se traîner au soleil la moitié supérieure, les yeux horriblement sortis, les bras tremblants, cherchant à s'enfouir sous la terre, jusqu'à l'oie dont on cloue les pattes, jusqu'au cheval qu'on fait épuiser par les sangsues ou fouiller par les cornes des taureaux, la bête subit, lamentable, le supplice infligé par l'homme.

« Et plus l'homme est féroce envers la bête, plus il est rampant devant les hommes qui le dominent.

« Des cruautés que l'on voit dans les campagnes commettre sur les animaux, de l'aspect horrible de leur condition, date, avec ma pitié pour eux, les compréhensions des crimes de la force. »

Louise revient à plusieurs reprises sur cet aspect de ses sentiments. « ...On peut se rendre compte que les idées dominantes de toute une vie ont leur cause matérielle dans

Scène de rue
E. Texier.
Tableau de Paris.

PRISON DES CHANTIERS À VERSAILLES, LE 15 AOÛT 1871.

telle ou telle impression, ou dans les phénomènes de l'hérédité des autres.

« Il m'arrive souvent, en remontant à l'origine de certaines choses, de trouver une forte sensation que j'éprouve encore telle à travers les années.

« Ainsi la vue d'une oie décapitée qui marchait le cou sanglant et levé, raide, avec la place rouge où la tête manquait; une oie blanche avec des gouttes de sang sur les plumes, marchant comme ivre tandis qu'à terre gisait la tête, les yeux fermés, jetée dans un coin, eut pour moi des conséquences multiples... Quelques années après, on exécuta un parricide dans un village voisin; à l'heure où il devait mourir, la sensation d'horreur que j'éprouvais pour le supplice de l'homme se mêlait au ressouvenir du supplice de l'oie. »

Louise aime les animaux, les chats surtout. Elle en ramène — des chats sauvages — de la Nouvelle-Calédonie. Chincholle raconte — l'histoire est peut-être inventée, mais elle est sympathique — que son amour pour la gent féline l'amena à décommander une manifestation prévue pour le 13 juillet 1883, plus encore que les supplications de sa mère.

« Par malheur pour le parti socialiste, elle n'avait pas qu'une mère; elle avait des chats aussi. Les noms ont-ils leur fatalité? C'est bien possible. La vérité est que Louise Michel adore les félins, tout autant que son homonyme célèbre.

« Les déportés se souviennent qu'en Calédonie elle en avait jusqu'à douze dans un immense cabas.

« A Paris, dans son petit appartement du boulevard Ornano, elle en avait en ce temps-là plus de trente. Ses amis l'appelaient d'ailleurs la mère des chats. Elle recueille, quand elle est en liberté, tous ceux qu'on abandonne. Elle sauve ceux qu'on veut jeter dans la Seine.

« Bref, comme elle venait, le 12 au soir, de terminer son drapeau funèbre et comme elle persistait à vouloir faire sa manifestation, sa mère, à bout d'arguments, lui dit :

— Louise, mon parti est pris. Si tu vas demain là-bas, tu ne trouveras pas en rentrant un seul de tes chats !

« Cela était proféré sur un ton énergique et Madame Michel mère était femme à tenir parole.

« La manifestation fut décommandée. »

En Nouvelle-Calédonie, elle avait recueilli dans son baraquement non seulement des chats, mais aussi des chiens et des chevaux. Ses voisins en étaient incommodés, mais « les plus intraitables cédaient finalement au respect de sa personnalité morale ».

A la prison de Clermont-de-l'Oise, Louise Michel avait obtenu d'avoir auprès d'elle quelques-uns de ses chats. Elle apprivoisait des rats et faisait manger les représentants de ces deux espèces, en amis, dans la même gamelle. C'est du moins *l'Intransigeant* qui l'écrit.

Ernest Girault, qui la connut bien, raconte qu'à Londres, un soir d'hiver, un policeman très étonné la trouva assise au bord d'un trottoir, tenant sur ses genoux la tête d'un cheval qui s'était cassé la jambe.

« Je le console jusqu'à ce qu'il meure », dit-elle au policeman qui, en bon Anglais, comprit et passa son chemin.

Il faut dire que Louise avait, dès l'enfance, été entourée d'animaux familiers. Au château de Vroncourt, on élevait des chèvres, des chats, un loup, un dauphin, des lièvres, une biche, un poulain, des vaches, une tortue. Louise élevait en outre des souris, des chouettes et des chauves-souris...

Louise Michel était une âme fière et son courage — moral, politique et physique — est indéniable. Son attitude devant les hommes et devant les tribunaux en témoigne avec éloquence.

« Pendant longtemps, écrit-elle par exemple, il me fut défendu de voir ma mère qui venait souvent de Montmartre sans pouvoir me parler.

« Un jour qu'on l'avait repoussée, tandis que la pauvre femme m'avait tendu une bouteille de café, je jetai cette bouteille à la tête du gendarme qui l'avait repoussée.

« Aux approches d'un officier, je lui dis que mon seul regret était que je m'étais adressé à un instrument au lieu d'avoir frappé en haut, où on commande. »

Devant les bourgeois qui viennent cruellement narguer les prisonniers, elle a ce réflexe : « Mais on est fier dans la défaite et les drôles et les drôlesses qui venaient voir les vaincus de Paris comme on va voir les bêtes au Jardin des plantes, ne voyaient pas de larmes dans les yeux, mais des sourires narquois devant leurs binettes d'idiots. »

Elle écrit au général Appert, le 2 décembre 1871 : « ...Si on ne veut pas me juger, on en sait assez sur moi, je suis prête et la plaine de Satory n'est pas loin. Vous savez bien tous que si je sortais vivante d'ici je vengerais les martyrs.

Dessin de déporté en Nouvelle-Calédonie.

Vive la Commune ! » Et sa fierté sublime apparaît bien dans cette phrase : « Nous repoussions la grâce parce qu'il était de notre devoir de ne point abaisser la révolution pour laquelle Paris fut noyé de sang. »

Elle écrira plus tard : « Au temps où j'avais des préférences, je songeais à l'échafaud d'où l'on salue la foule ; puis au peloton d'exécution dans la plaine de Satory. Le mur blanc du Père-Lachaise ou quelque angle de mur à Paris m'aurait plu. Aujourd'hui, je suis blasée ; peu importe où, je n'y bouderai pas. Au grand jour ou dans un bois, la nuit, qu'est-ce que cela me fait ? J'ignore où se livrera le combat entre le vieux monde et le nouveau, mais peu importe, j'y serai. »

Chez Louise, ce ne sont pas seulement des phrases. Elle a prouvé tout au long de sa vie son mépris de la mort. Clémenceau raconte qu'il la vit lors des combats du fort d'Issy affronter la mitraille avec un extraordinaire sang-froid : « Jamais je ne la vis plus calme. Comment elle ne fut pas tuée cent fois sous nos yeux, c'est ce que je ne puis comprendre. Et je ne la vis que pendant une heure. »

Elle s'explique à ce sujet avec la plus grande modestie : « Il n'y a pas d'héroïsme, puisqu'on est empoigné par la grandeur de l'œuvre à accomplir et qu'on reste en dessous. On dit que je suis brave ; c'est que dans l'idée, dans la mise en scène du danger, mes sens d'artiste sont pris et charmés : des tableaux en restent dans ma pensée, les horreurs de la lutte comme des Bardits. »

Évoquant son baptême du feu, lors de la manifestation de l'Hôtel de Ville (23 janvier 1871), elle écrit : « La première fois qu'on défend sa cause par les armes, on vit la lutte si complètement qu'on n'est plus soi-même qu'un projectile. » Mais Louise sait parfois dépasser son romantisme. Si elle a pris le fusil et s'en sert, c'est parce qu'il le faut :

« Les balles faisaient le bruit de grêle des orages d'été ; froidement, sans arrêter, les Bretons tiraient, leurs balles entrant dans la chair vive. Les passants, les curieux, hommes, femmes, enfants tombaient autour de nous.

« Certains gardes nationaux avouèrent depuis avoir tiré non sur ceux qui nous canardaient, mais sur les murs, où, en effet, fut marquée la trace de leurs balles.

« Je ne fus pas de ceux-là ; si on agissait ainsi, ce serait l'éternelle défaite avec ses entassements de morts et ses longues misères, et même la trahison. »

Le courage de Louise frise cependant souvent l'inconscience. Ayant projeté de s'évader de la Nouvelle-Calédonie en compagnie de Malato, lorsque celui-ci lui demande si elle sait nager, elle répond :

— Non. Je ferai la planche et vous me remorquerez.

Le projet en resta là.

Plus tard, lorsqu'à l'occasion de divers meetings, ses adversaires politiques la chahutent, et, à plusieurs reprises, tentent de lui faire un mauvais parti, elle gardera le même sang-froid, ne reculant jamais devant les menaces. « J'en ai vu d'autres », avait-elle coutume de dire.

Georges Clemenceau,
maire du XVIIIe arrondissement,
du 4 septembre 1870 jusqu'à la Commune.
Il soutint l'action de Louise Michel
et de son école lors du siège de Paris
et demanda, avec Victor Hugo,
sa grâce durant sa déportation
en Nouvelle-Calédonie.

LES PETITS COMMERCES DE PARIS PENDANT LE SIÈGE,
1870-1871

BOUDINS, HACHIS ET ABATS DE CHEVAL

BOUCHERIE DE CHIENS, CHATS ET RATS

QUEUE AUX BOULANGERIES

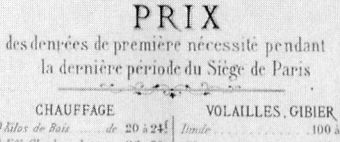

QUEUE AU BOIS ET FAGOTS

CHOUX ET LÉGUMES

BETTERAVES AU POIDS

VENTE DE PETITS FAGOTS

CHARBON ET MOTTES A BRULER

QUEUE AUX BOUCHERIES

CANTINE MUNICIPALE

VOLAILLES ET LAPINS

CAFÉ ET CIGARES EN PLEIN VENT

PRIX
des denrées de première nécessité pendant
la dernière période du Siège de Paris

CHAUFFAGE
100 kilos de Bois	de 20 à 24 f
100 K°s Charbon de terre	25_30
100 litres de Coke	12_16
Boisseau de Charbon de bois	2_3
Fagot de bois vert	0,60

BOUCHERIE
½ K° Bœuf	3_4
d°_ Cheval	2_3
d°_ Mouton	10_12
d°_ Âne et Mulet	10_12

BOUCHERIE EXCENTRIQUE
½ K° d'Éléphant	20
d°_ d'Ours	15
d°_ Animaux du Jardin des plantes	10_20
d°_ Chien	2_4
Chat	15_20
Rat	1 à 1,50

CHARCUTERIE
Cochon de lait	500_550
½ K° de Jambon	30_45
d°_ Lard	15_20
d°_ Boudin de Cheval	5_6
d°_ Galantine d°_	6
d°_ Hure d°_	7_8
d°_ Saucisson d°_	8
d°_ d°_ de Bœuf	12
d°_ Mulet et Âne	10

PATISSERIE, COMESTIBLES
Boîte de Sardines	10_12
d°_ Conserve de Bœuf	10_15
d°_ Haricots verts	7_8
d°_ Petits pois	6
Dinde truffée	150_200
Pâté de Bœuf	20_50
d°_ Volailles	40_50
d°_ Lièvre	60_75
Tourtes à la graisse	2_3

VOLAILLES, GIBIER
Dinde	100 à 130 f
Oie	125_150
Poule	50_70
Coq	40_55
Pigeon	10_15
Corbeau	5_6
Moineau franc	1
Lièvre	60_75
Lapin	30_60
Œufs	1,50 à 2,75
Carpe (une seule)	30
Petite friture	15

FRUITERIE
Tête d'ail	0,50
Pied d'échalotte	0,50
Poireau	1,25
Pommes de terre (le boisseau)	30_50
Salade (le pied)	0,70 à 1,25
Chou	12
Betterave le ½ Kilo	2,50
Chou-fleur	12
Carotte (une seule)	1 à 2
Champignons (le ½ K°)	5_6
Navet (un seul)	1 à 1,50
Oignons (le boisseau)	50 à 65

ÉPICERIE
Beurre fondu et salé ½ K°	30_40
d°_ frais d°_	50_60
d°_ végétal mélangé le ½ Kilo	10_12
Biscuit de mer le ½ K°	1
Bougie (une seule)	0,40
Chocolat, le ½ Kilo	4
Fromage de Gruyère, le ½ Kilo	20 à 30
Fromage de Hollande, le ½ Kilo	15_20
Haricots secs, le litre	7
Sucre le ½ Kilo	2
Lentilles le litre	7

PORTRAIT

Soldats prussiens au Fort de l'Est pendant le siège de Paris. Édimédia.

L'ILLUSTRATION, JOURNAL UNIVERSEL

SIÈGE DE PARIS. — L'abattage des arbres pour le chauffage, dans l'avenue de Vincennes.

En haut à droite :
« La Guerre illustrée »,
1870.

— 517 —

RÉPUBLIQUE FRANÇAISE
LIBERTÉ — ÉGALITÉ — FRATERNITÉ

VILLE DE PARIS.

MAIRIE DU 18ᵐᵉ ARRONDISSEMENT

Les Écoles Communales sont pleines. Le temps manque pour en créer de nouvelles.

Cependant il importe que les enfants puissent recevoir gratuitement l'instruction à laquelle ils ont droit.

La Municipalité du 18ᵉ Arrondissement vient de conclure un arrangement avec un très-grand nombre d'instituteurs et d'institutrices libres qui, moyennant une subvention municipale déterminée, s'engagent à recevoir gratuitement un certain nombre d'élèves.

Que les parents dont les enfants n'ont pu être placés dans les Écoles Communales se hâtent donc de venir chercher leur Carte d'inscription à la Mairie. Tous les enfants qui se présenteront seront immédiatement dirigés sur une école libre où ils seront reçus gratuitement.

Paris, le 29 Novembre 1870.

Les Adjoints,   Le Maire,
J.-A. LAFONT,   G. CLÉMENCEAU.
S. DEREURE,
(JACLARD, empêché).

En bas à droite :
Prussiens à Versailles
pendant le Siège de Paris.
Illustrated London News.

DÉPART DE M. GAMBETTA, MINISTRE DE L'INTÉRIEUR, DANS L'AÉROSTAT *L'ARMAND BARBÈS*.

Parisiens !

L'Ennemi va entrer dans Paris !

Qu'il trouve fermés tous les Edifices publics, les Théâtres, les Restaurants, les Cafés et même nos maisons.

Que chacun de nous s'enferme dans sa demeure ; que les rues restent complétement désertes. Faisons le vide autour de l'Etranger, et que ce soit en ce moment notre seule protestation.

Unis dans cette attitude calme et digne, nous serons certains de déjouer toutes les menées, et nous aurons droit au respect de l'Europe qui a les yeux fixés sur nous.

<small>Imprimerie Ve POITEVIN et Cie, rue Poissonnière, 2 et 4. E. RENIER, rue d'Aboukir, 3.</small>

Document.
Musée de Saint-Denis.

Document
« L'illustration. »

Eau forte de Martial :
Les Parisiens mirent
des drapeaux noirs
aux immeubles
et désertèrent les rues,
le jour de l'entrée
des Prussiens à Paris
le 1er mars 1871.

Document
« Les Murailles de Paris. »
Page de droite.

PRÉSENCE DES ALLEMANDS A PARIS. — Purification de la place de l'Étoile après le départ du corps d'armée d'occupation.

ASSOCIATION INTERNATIONALE
DES TRAVAILLEURS

CITOYENS,

C'est avec un profond sentiment de douleur que nous voyons ici l'avenir de la Société internationale des travailleurs compromis par la façon d'agir d'un certain nombre de ses membres. Rien ne saurait nous être plus préjudiciable que cette apparition spontanée, mais stérile, d'hommes qui, sous le voile de notre Société, prétendent arriver aux premières places de la République.

Beaucoup de ces hommes nous sont presque inconnus, étant parmi nous les ouvriers de la dernière heure; d'autres ont des personnalités honorables et bien connues.

Malheureusement, si c'est pour nous un succès de voir arriver nos frères à représenter la classe ouvrière au Parlement français, il est pénible d'avouer que bien peu d'entre les associés de la branche française prennent au sérieux le rôle si beau, si digne, si plein d'avenir de la Société internationale. Même au moment où leur pays succombe, que les Français prennent exemple sur leurs frères d'Allemagne. Comme vous, ils sont persécutés, emprisonnés, mis hors la loi.

Cependant, ils ne cherchent point leur force dans l'émeute. C'est par la persécution, par l'emprisonnement de Jacoby, Diebneck et tant d'autres, que la Société a grandi et s'est fortifiée, grande de l'estime de tous, voire même de ses bourreaux. Dites-le bien à tous les ouvriers français : notre force est dans l'observation des lois jusqu'au jour où le poids de l'intelligence, joint au poids des injustices et des persécutions de la société entière, fera pencher la balance en notre faveur. Jusque-là, restons unis et calmes, et, placés au-dessus des mesquines et petites rivalités des peuples, jetons les fondements indestructibles de la fraternité universelle des travailleurs et des déshérités de la Société.

MARX KARL

Londres, 28 février 1871.　　　PARIS. — J. CLAYE, IMPRIMEUR, 7, RUE SAINT-BENOIT. — [000]

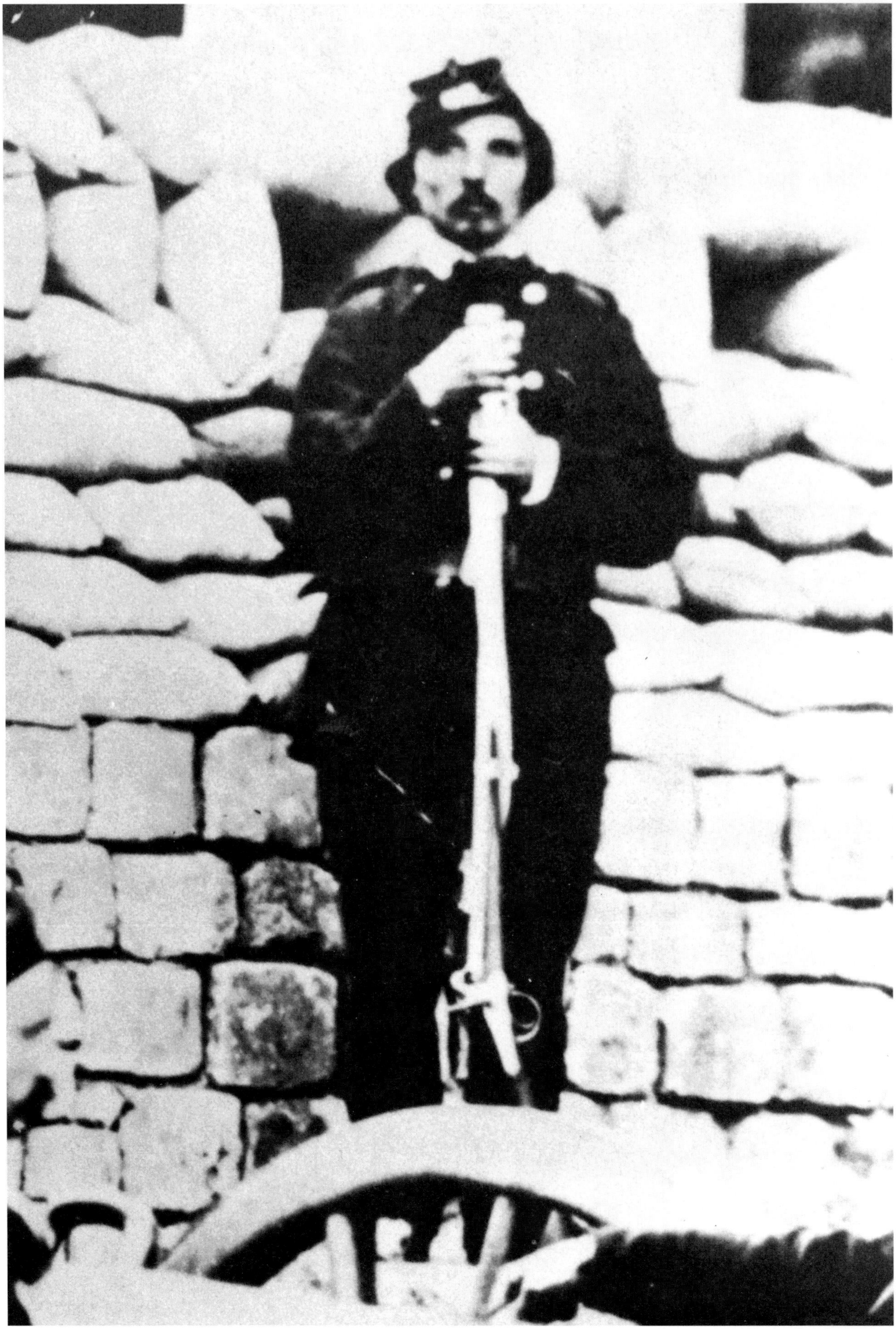

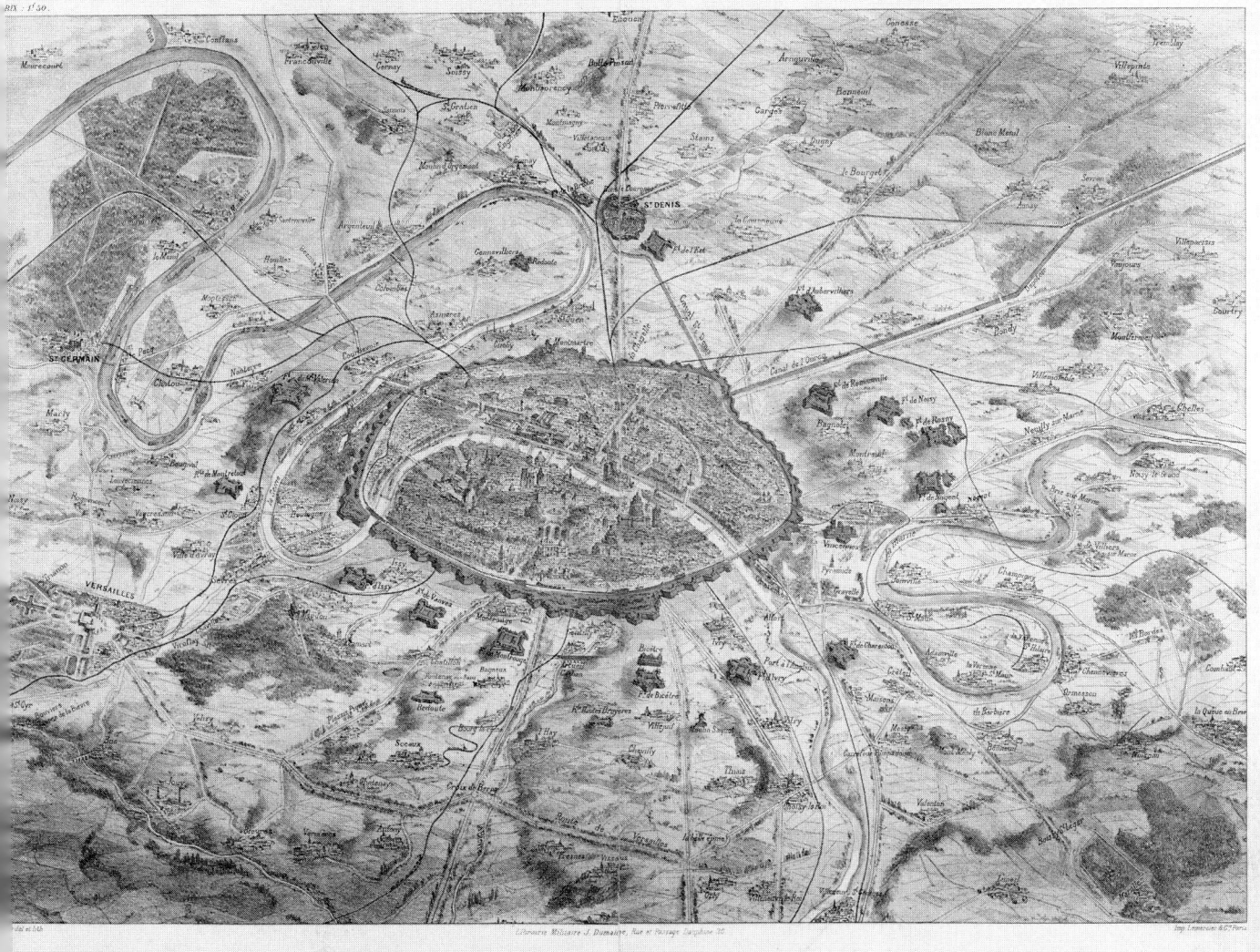

Document : Musée de Saint-Denis.

Ville en plaine. Dessin. Musée Victor-Hugo.

LES INFLUENCES

Destruction de la guillotine
pendant la Commune de Paris.
Illustrated London News.

Cette femme dont nous venons de voir le caractère passionné, le romantisme, la bonté, le dévouement et l'esprit de solidarité, la fierté et le courage a été calomniée par les adversaires de la révolution sociale qui la traitait au pis d'aventurière, de comédienne, voir de meurtrière professionnelle, au mieux, de folle.

Louise Michel l'était-elle?

Nul n'a avancé cette hypothèse au moment de son procès devant le Conseil de guerre de Versailles qui avait ordonné une enquête minutieuse sur ses faits et gestes. Le capitaine Briot, chargé de l'instruction, a consciencieusement essayé de cerner sa personnalité. Les gens qui l'ont connue enfant sont appelés à témoigner. Les maires des communes où elle a enseigné, le procureur de la République à Chaumont, donnent leur opinion. Tous s'accordent pour déclarer qu'elle jouissait de l'estime générale. Certains, comme le maire de Clefmont, la trouvent cependant « un peut tête en l'air ».

Durant les premières années qui suivent son retour d'exil, l'argument de la folie n'est pas utilisé contre elle. Il faut, semble-t-il, attendre 1883, et les poursuites qui lui sont intentées à la suite de l'affaire des Invalides pour que la police et la presse commencent à mettre en doute l'équilibre de son esprit. Le 9 mars, Louise a pris part à une manifestation de chômeurs au cours de laquelle les vitrines de quelques boulangeries ont été brisées. Arrêtée quelques jours plus tard lorsqu'elle se rendait à la Préfecture de police pour s'expliquer (elle n'était évidemment, pas coupable), elle sera condamnée à six ans de réclusion *(voir en annexe la chronologie de la vie de Louise Michel).* Le rapport d'un indicateur consigné aux archives de la Préfecture de police déclare :

« On commence à dire que le gouvernement a bien tort de traiter Louise Michel comme un personnage dangereux et avec lequel il faut compter (...) Il serait plus simple (...) de la faire examiner par deux ou trois médecins aliénistes, qui s'empresseraient certainement de rédiger un certificat avec lequel on l'enfermerait à Charenton ou ailleurs ». En juin, *Le Figaro* l'estime « plus folle que coupable » et *Le Siècle* doute qu'on puisse lui reconnaître « la plénitude de sa raison ».

Nous n'en sommes encore qu'aux ballons d'essai. En 1890, durant l'internement de Louise à Vienne, les choses deviennent plus graves. Comme elle s'est mise dans une colère terrible en apprenant qu'elle était libérée alors que les autres manifestants de Vienne restent en prison, et qu'elle a tout cassé dans sa cellule, on appelle un médecin, le docteur Wezyck, qui établit le certificat suivant :

« Je déclare que la nommée Louise Michel, pour exaltée qu'elle soit, n'est pas folle. »

Son internement causerait un tel scandale que le gouvernement hésite. Le 3 juin 1890, le ministre de l'Intérieur ordonne qu'on la relâche sans délai. Elle n'est cependant rassurée qu'à demi. La prison, soit, elle l'accepte. La "maison de fous" jamais ! C'est sans doute par crainte de l'internement psychiatrique qu'elle décide de quitter la France et de se rendre à Londres. Elle déclare d'ailleurs elle-même au *Gaulois* : " ... être considérée comme folle et comme telle être internée avec les fous, voilà, ce qui m'a fait peur (...) Je ferai le peuple juge de mes actes et de ma responsabilité. Je lui demanderai de me dire si je suis folle ou si je suis saine d'esprit. " »

Non, Louise Michel n'est pas folle et nul ne saurait le soutenir sans sombrer dans le ridicule. Peut-être le jugement que porte sur elle Ernest Girault est-il cependant le plus juste même s'il peut sembler un peu sévère :

« Elle était une femme bonne d'abord. Ensuite une révolutionnaire, mystique peut-être, mais une révolutionnaire sincère, à coup sûr. Une humanitaire, certainement dogmatique et paradoxale, mais en tout cas, mettant son humanitarisme en action.

« Peut-on la qualifier de savante et de philosophe ? Je ne le crois pas. Impulsive au supérieur degré, on pouvait la considérer comme la plus puissante des agitatrices. Enfin, son sentimentalisme avait quelque chose de bizarre, d'anormal, même, et sa volonté apparaissait souvent comme troublée ; son entêtement devenait parfois de la monomanie, et sa naïveté engendrait chez elle l'inconséquence et l'imprudence. »

Encore faut-il nuancer. Girault n'a bien connu Louise Michel qu'à la fin de sa vie. Il dit lui-même « avoir vécu et propagandé *(sic)* à ses côtés pendant les trois dernières années de sa vie, de 1902 à 1905 ». Le portrait qu'il brosse

« Feu !... 1871 » Aquarelle de D. Vierge. Musée Carnavalet.

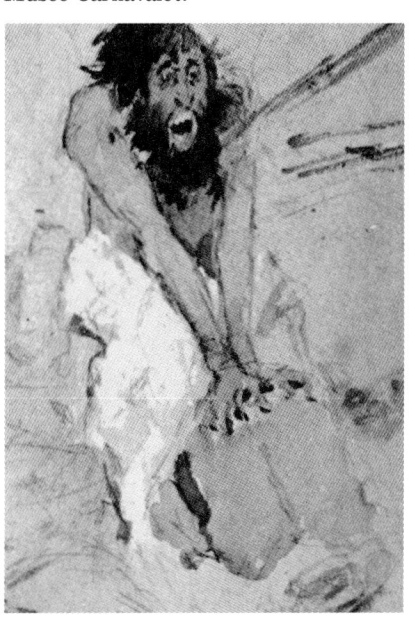

d'elle s'en ressent. Tout porte à croire que certains des défauts de Louise ne sont apparus — ou ne se sont développés — qu'avec l'âge.

En tout cas, défauts ou pas, elle fut une femme passionnée, avec toutes les qualités et toutes les faiblesses que cela suppose. Née l'année de la bataille d'Hernani, en plein romantisme, elle fut surtout l'enfant de son siècle.

Dès son enfance, Louise subit des influences contradictoires qui marquent profondément son esprit. Du côté de ses grands-parents paternels, les Demahis, elle reçoit une culture voltairienne, démocratique au sens large du terme. Du côté de sa mère, c'est l'Église catholique traditionnelle, en revanche, qui trace la ligne de conduite générale. Une tante de Louise, Victoire Michel, avait été novice à l'hospice de Langres et si elle n'était pas restée dans les ordres, c'est seulement parce que sa santé « brisée par les jeûnes » ne le lui avait pas permis. Dans ses « Mémoires », Louise Michel en dit : « Jamais je n'entendis de missionnaire plus ardente que ma tante ; elle avait pris du christianisme tout ce qui peut entraîner : les hymnes sombres, les visites, le soir, aux églises noyées d'ombres, les vies des vierges qui font songer aux druidesses, aux vestales, aux walkyries. Toutes ses nièces furent entraînées dans ce mysticisme et moi encore plus facilement que les autres. »

Et Louise ajoute aussitôt : « Étrange impression que je ressens encore ! J'écoutais à la fois ma tante, catholique exaltée, et les grands-parents voltairiens. Je cherchais, émue par des rêves étranges : ainsi l'aiguille cherche le nord, affolée dans les cyclones. Le nord, c'était la Révolution. »

En 1844, quand disparaît son grand-père, écrira-t-elle à Victor Hugo, « au moment de sa mort, je me consacrai entièrement à Dieu pour sauver son âme. »

A vingt-six ans, Louise est encore une catholique pratiquante. Mais sa religion s'est adoucie. C'est qu'elle a lu Lamennais à l'âge de dix-sept ans et elle s'est enthousiasmée pour le christianisme social de cette époque. Encore qu'elle soit très discrète à ce propos dans ses *Mémoires,* où elle a tendance à « oublier » son passé chrétien, les œuvres qu'elle écrit du temps qu'elle est institutrice en Haute-Marne ne laissent aucun doute sur les sentiments qui l'inspirent.

Dans *l'Écho de la Haute-Marne,* journal paraissant à Chaumont, elle publie plusieurs poèmes fort bien-pensants sur la mort du Christ (« Le voile du calvaire »), le paradis (« Rorate cœli desuper »), l'assassinat de Monseigneur Sibour, tué par un prêtre à Saint-Étienne-du-Mont.

> Un prêtre est l'assassin alors,
> l'enfer lui-même,
> l'enfer qui l'a poussé, recule en frémissant.

En 1853, elle demande au préfet de la Haute-Marne de créer un bureau de bienfaisance et un atelier public, « car le pain manque, faute de travail, et, voyez-vous, quand le pain manque, on trouve de la poudre et des balles ». Le préfet et sa femme acceptent et lancent une souscription pour réaliser l'objectif fixé par Louise, qui verse elle-même 100 francs (ce qui est beaucoup) en lançant un appel aux « philantropiques populations ».

> « Et le Christ se penchant sur les cités bruyantes
> Sur nous laisse tomber ses pleurs. »

Il semble bien que c'est après la semaine sanglante seulement que Louise abandonne ses croyances religieuses. Elle dira alors: « Dieu est par trop versaillais. » Ce qui ne l'empêchera pas d'entretenir des rapports de grande amitié avec l'abbé Folley, et, plus tard, de sympathiser avec les prêtres et les religieuses qu'elle rencontrera dans ses prisons. Car, d'être devenu athée ne l'a pas rendue sectaire.

A l'influence religieuse qui l'imprègne si fort, il faut ajouter une autre source de mysticisme: les légendes et les contes. Élevée dans un château dont l'aspect seul, selon Barrès, qui en avait visité les ruines, « glaçait les facultés de l'âme », à une époque où les loups hantaient encore, en hiver, les confins des Vosges, tandis que les vieux contaient à la veillée, souvent en patois, les histoires les plus noires

Exécution de l'anarchiste Vaillant
Dessin de Charles Morel
Photot H.R. Viollet.

du folklore haut-marnais, Louise s'éprend très tôt des mystères païens, des réminiscences qui remontent d'un passé gallo-romain confus et des diableries du Moyen Age. Elle leur consacre de nombreuses pages dans ses *Mémoires*, citant des chansons en patois, des histoires compliquées entendues à l' « écrêne » (la veillée). Elle y voit l'une des raisons de son caractère poétique. Elle ne doute pas que ces souvenirs l'ont marquée profondément.

« J'ai parlé d'atavisme. Là-bas, tout au fond de ma vie, sont des récits légendaires, morts avec ceux qui me les disaient. Mais aujourd'hui encore, pareils à des sphynx, je vois les fantômes, sorcières corses (la famille de Louise est originaire de Corse par sa mère) et filles des mers aux yeux verts ; — bandits féodaux ; — Jacques ; — Teutons aux cheveux roux ; — paysans gaulois aux yeux bleus, à la haute taille ; — et tous, des bandits corses aux juges du parlement de Bretagne, amoureux de l'inconnu. Tous transmettent à leurs descendants (légitimes ou bâtards) l'héritage des bardes. »

C'est de ces récits que Louise gardera le souvenir lorsqu'elle écrira maintes histoires où Celtes, Gaulois, Francs et Germains jouent les premiers rôles. Mais ne sommes-nous pas au temps des Burgraves ?

Victor Hugo, précisément, joue dans la formation psychologique de Louise Michel un rôle certainement décisif. Elle a lu ses œuvres dès l'âge de quatorze ans, semble-t-il (du moins celles qui existaient vers 1845). Avec son cousin Jules, fils de sa tante Agathe, qui venait passer ses vacances à Vroncourt, elle joue « quelques drames d'Hugo, que nous arrangions pour deux personnages ». Elle s'était fabriqué un luth, « un horrible instrument que j'avais fait moi-même avec une planchette de sapin et de vieilles cordes de guitare » et « c'est de cet instrument barbare dont je parlais pompeusement à Victor Hugo, dans les vers que je lui adressais ; — il n'a jamais su ce que c'était que ce *luth du poète,* cette *lyre,* dont je lui envoyais les *plus doux accords.* »

Car elle écrit à Victor Hugo, en vers de préférence, et le poète lui répond. Leur intimité est assez grande pour qu'en 1850, après la mort de Mme Demahis, alors que le château de Vroncourt va être vendu et que Louise et sa mère doivent le quitter, elle écrive à son confident :

« Hugo, vous comprendriez qu'un prisonnier aimât le seul rayon de soleil qui brillerait dans sa solitude. Laissez-moi vous dire tout ce que je pense, comme si vous étiez là, devant le foyer et dans le fauteuil vide de ma grand-mère, vos mains dans les miennes, ainsi que nous restions de longues heures, le soir, elle et moi. » Elle lui fait le récit de sa vie, décrit le château et ses légendes, se plaint d'être persécutée par les villageois, dit avoir été bouleversée par la lecture de la *Tristesse d'Olympio,* et notamment par ces deux vers :

« Écoute Olympio, Dieu fit nos âmes sœurs
« Et n'eut qu'un seul souffle en créant nos deux cœurs. »

Victor Hugo, vers 1860
Photo de E. Bacot
H.R. Viollet.

Elle lui envoie le plan d'un opéra-féerie. En mars 1851, elle lui écrit à nouveau, longuement et lui communique des poèmes qu'elle voudrait voir publier dans *l'Événement,* sous un pseudonyme masculin (« il me semble que si on ne savait pas que ce fût une femme, les idées qui s'y trouvent pourraient faire quelque impression »).

La même année, à l'automne, Louise se rend à Lagny avec sa mère. Elle séjourne chez sa tante Catherine et suit des cours en vue de devenir institutrice. Ses *Mémoires* sont extrêmement discrets sur cette période de sa vie et nos recherches entreprises pour en connaître plus sont restées vaines. En tout cas, il semble certain qu'elle fait alors la connaissance de Victor Hugo. Elle écrit : « D'Audeloncourt, j'envoyais des vers à Victor Hugo ; nous l'avions vu, ma mère et moi, à Paris, à l'automne de 1851 — et il me répondait de l'exil comme il m'avait autrefois répondu de Paris, à mon nid de Vroncourt et à ma pension de Chaumont. »

Les *Mémoires* de Louise Michel sont extrêmement embrouillés et elle passe d'une date à une autre, avec de fréquents retours en arrière, sans aucune méthode. Il est par conséquent très difficile de situer exactement certains faits mentionnés par elle. Les *Carnets intimes* dans lesquels Victor Hugo notait ses faits et gestes manquant pour cette époque, aucun recoupement n'est possible. On ne voit cependant pas pourquoi Louise mentirait en l'occurrence. Il doit être vrai qu'elle fit la connaissance du poète à cette époque.

Edith Thomas avance à ce propos une hypothèse qu'il nous semble indispensable de reproduire ici, laissant à l'auteur l'entière responsabilité de ses déductions. Louise nous dit qu'elle le vit « avec sa mère ». Nous ne sommes pas forcés de la croire ; et je fais une autre hypothèse. Louise avait alors vingt et un ans et ne devait pas, à Paris, traîner partout Marianne, comme une duègne. Or, Louise apparaît, vingt ans plus tard, en 1870, dans les *Carnets intimes* de Victor Hugo, avec la mention « N », ce qui voudrait dire *nue,* dans sa comptabilité érotique, si l'on en croit M. Guillemin, qui est toujours sujet à caution (Victor Hugo, *Carnets intimes,* 1870-1871, p. 44-45). En 1870, Louise Michel avait quarante ans. C'est un âge un peu avancé pour commencer à faire du streep-tease, même en hommage à un grand poète. Je tiens pour plus vraisemblable que, s'il y eut des relations amoureuses, du côté de Victor Hugo (tout lui était bon, mêmes les laides et les maritornes et il pouvait ne pas rester insensible à cette fille brûlante et brûlée) elles durent s'ébaucher en 1851. Cette hypothèse est controversée par le témoignage d'une femme anonyme, hostile à Louise Michel, citée par le journaliste du *Figaro* Chincholle (ouvr. cit. p. 137 et suivantes) : « C'est au château de Mailly que Louise vit deux fois Victor Hugo ; à son admiration pour le poète se joignit une affection passionnée, que je puis certifier au-dessus de toute suspicion. » Édith Thomas appuie ses déductions sur une lettre de Louise retrouvée par elle au musée Victor-Hugo (p. 67-68), et qu'elle considère comme datant de la rencontre de 1870 : « Cher maître, Enjolras (pseudonyme habituel de Louise — P. D) vous demande pardon de sa hardiesse d'hier et de celle d'aujourd'hui. Mais on peut bien venir apporter une lettre. N'importe qui a le droit et je n'en ai aucun autre, citoyen. Maître, êtes-vous bien fâché contre moi ? Enjolras. » Or, les *Carnets intimes* de Hugo indiquent aux dates des 13 et 18 septembre 1870 la visite de Louise Michel avec la fameuse mention *N* et « une heure de voiture avec Enjolras, 2,50 francs ». Édith Thomas pose la question : « Reprise de relations charnelles ébauchées, peut-être, en 1851, ou début de caresses furtives et sans lendemain avec une vierge quadragénaire, ou encore refus de celle-ci, au cas où *N* ne signifierait pas *nue* (comme le pense M. Guillemin) mais *non*. C'est finalement vers cette dernière hypothèse que j'inclinerais... » Édith Thomas conclut : « Des relations entre Louise et Hugo nous ne saurons sans doute jamais rien de plus. »

Louise Michel et Victor Hugo continuent à correspondre jusqu'en 1880, sans interruption. Elle lui demandera d'intervenir en faveur de Ferré et des autres condamnés de la Commune. On sait que Victor Hugo lui consacra à cette époque (décembre 1871) son poème *Viro Major*. (Il semble qu'elle n'en eut connaissance, — ce qui paraît cependant assez étonnant— qu'en 1888. Elle écrit, en effet, à Paul Meurice, auteur dramatique et journaliste républicain, le 3 juin 1888 : « Comment vous remercier des deux magnifiques volumes de Victor Hugo où je trouve, à travers la mort, des vers du maître trop beaux pour moi mais que peut-être je mériterai un jour. » (*Cf.* Lucien Scheler, *in Louise Michel et Henri Bauer correspondant de Paul Meurice, Europe, la Commune de Paris,* nov.-déc. 1970.) Louise est en Nouvelle-Calédonie lorsqu'elle apprend que le poète a perdu ses fils. Elle lui écrit : « Vous habitez avec vos fils dans la mort ; moi j'y habite avec mes frères les meilleurs et les plus braves. » Elle affirme qu'il reste « son maître », lui dit qu'elle aimerait relire *les Châtiments* et lui demande de lui répondre. Elle lui envoie un coquillage et deux vers de sa nouvelle œuvre, *les Océaniennes,* qu'elle a spécialement écrite pour lui :

« Il est un noir rocher près des flots monotones. »
« Là j'ai gravé ton nom pour les bruyants cyclones. »

Lorsque Victor Hugo meurt, Louise s'indigne d'apprendre que Maxime Du Camp « pourvoyeur des tueries chaudes ou froides » (il avait été l'un des plus méprisables contempteurs des Communards) a été désigné pour parler sur sa tombe. « Sur la tombe où osera parler M. Du Camp de Satory, je reviens, criant de la prison, comme les morts crieraient s'ils sentaient à travers le néant, à travers la terre : « Arrière ! Les bandits ! Salut au barde qui maudissait les bourreaux ! » (*Mémoires,* p. 343-345.) Et elle écrit un long poème à Victor Hugo qui « aux survivants de mai, dans la grande hécatombe offrit sa maison... » (V. Hugo avait

Dessin de Victor Hugo.
Musée Victor-Hugo. Photo Bulloz.

LES INFLUENCES

MISERIA

Une marchande.
Photo Eugène Atget.
Édimédia.

ouvert sa maison de Bruxelles aux survivants du massacre de la Commune).

Quoi qu'il en soit, Louise continue à correspondre avec Victor Hugo.

L'influence qu'exerce Victor Hugo sur Louise Michel est indéniable. *Les Misérables* sont lus par elle comme une bible. Elle se sent de plus en plus « sociale ». La personne qui affirme avoir intimement connu Louise et que cite Chincholle déclare : « Une correspondance assez suivie développe l'exaltation généreuse de ce cerveau mal équilibré. Peu à peu les théories humanitaires du maître, agrandies par les mystérieuses et mystiques formes qu'il emploie pour les hausser au ton prophétique, remplacèrent les grandes croyances et les humbles vertus chrétiennes ; la jeune fille rêva de se dévouer au salut de l'humanité. »

Louise retrouve ainsi l'*autre* face de son éducation première. Autant les Michel étaient catholiques pratiquants et obscurantistes, autant les Demahis étaient sceptiques, éclairés, rationalistes et, dirions-nous aujourd'hui, *progressistes*.

Les de Mahis apparaissent au 17e siècle dans la noblesse de robe et le grand-père de Louise, Étienne-Charles de Mahis, est bâtonnier de l'ordre des avocats au Parlement de Paris avant la révolution. Sa femme appartenait également à une famille de magistrat.

Etienne-Charles, disciple de Voltaire, de Rousseau, de Diderot, a volontairement transformé son nom en accolant la particule au principal. Chose assez rare, pour les nobles de son temps, il est resté révolutionnaire après la révolution. Dans ses *Mémoires,* Louise le décrit ainsi :

« Mon grand-père, suivant les circonstances, m'apparaissait sous des aspects différents ; tantôt, racontant les grands jours, les luttes épiques de la première République, — il avait des accents passionnés pour dire la guerre de géants où, braves contre braves, les blancs et les bleus se montraient comment meurent les héros — ; tantôt, ironique comme Voltaire, le maître de son époque, gai et spirituel comme Molière, il m'expliquait les livres divers que nous lisions ensemble.

« Tantôt encore, nous en allant à travers l'inconnu, nous parlions des choses qu'il voyait monter à l'horizon. Nous regardions dans le passé des étapes humaines ; dans l'avenir aussi, et souvent je pleurais, empoignée par quelque vive image de progrès, d'art ou de science, et lui, de grosses larmes dans les yeux, posait sa main sur ma tête... »

Les Demahis, grand-père et grand-mère, versifiaient et jouaient de la musique. Ils étaient cultivés et savaient ouvrir à Louise les portes du savoir. Ils entretenaient des relations d'amitié avec l'élite intellectuelle du canton : les frères Laumond, « Laumond-le-grand », médecin de Bourmont, ancien chirurgien des armées impériales qui avait fait Waterloo ; « Laumond-le-petit », instituteur d'Ozières, laïque et passionné de sciences.

C'est sans doute par cette série d'influences qu'il faut

expliquer le goût que Louise eut toute sa vie pour les arts, les lettres et les sciences, pour le progrès humain en général. Élevée comme l'étaient les filles des châtelains pauvres et humanistes de son époque, elle épousa son temps avec un sens de l'anticipation qu'explique le développement de la société dans cette seconde moitié du 19ᵉ siècle.

L'année 1830 qui voit la naissance de Louise Michel n'est pas seulement celle de la bataille d'Hernani. C'est le moment aussi où le pouvoir de la bourgeoisie capitaliste issu de la grande révolution commence à se stabiliser à travers les changements de régimes qui, de républiques en empire et quelques monarchies, n'ont en rien modifié la nature de classe de la société. La révolution de 1848 ne sera qu'un soubresaut et le second Empire, quelques années plus tard, signifiera le grand élan d'une classe désormais bien accrochée aux rênes de l'État.

Hippolyte Taine écrira en 1875 dans ses *Origines de la France contemporaine* : « A la fin du siècle dernier, pareil à un insecte qui mue, la France subit une métamorphose. Par un sourd travail intérieur, un nouvel être s'est substitué à l'ancien. »

Edgard Degas : La Bourse.

Vers 1860, lorsque Louise Michel a trente ans, cette mue est terminée. Un nouvel être est sorti de la chrysalide et son appétit vorace transforme le pays.

Jusqu'en 1860, la France était en retard. Son agriculture était arriérée et de vastes régions, livrées aux marécages et aux friches, restaient inexploitées. La grande industrie balbutiait, les chemins de fer étaient rares, les hauts fourneaux fonctionnaient encore au charbon de bois et les banquiers prêtaient de l'argent à l'État comme au temps de François Iᵉʳ.

A cette même époque, le crédit, sous sa forme moderne, fait son apparition. La spéculation devient générale. Les banques drainent l'argent du public jusque dans les campagnes. On va produire dix fois plus d'acier, vingt fois plus de fonte que quelques années auparavant. Les voies ferrées tissent leur réseau sur l'ensemble du pays. Des bateaux à vapeur sillonnent les mers. On perce les montagnes, on creuse de nouveaux canaux et des ports. On assèche la Sologne, on plante la vigne sur des milliers d'hectares en Languedoc. Une formidable migration intérieure pousse vers les villes qui se développent et s'industrialisent — surtout à Paris — les paysans par centaines de milliers. La classe ouvrière moderne se forme. Nous la verrons pour la première fois à l'action, en vue de la conquête du pouvoir, en 1871.

La science est devenue la tarte à la crème de la bonne société. Le prince Louis-Napoléon lui-même se livre à des expériences d'électricité. Claude Bernard publie en 1865 son *Introduction à la médecine expérimentale,* ce discours de la méthode du 19ᵉ siècle, et proteste contre l'absence d'équipement qui paralyse la recherche dans une déclaration retentissante, en 1867.

Pasteur découvre le monde des micro-organismes et

Pasteur et sa femme, en 1884.
Musée de l'Institut Pasteur.

révèle le rôle des microbes. Il invente la « pasteurisation » en étudiant, à la demande des brasseurs du Nord, les irrégularités de la fermentation alcoolique. En 1860, on l'appelle dans le Midi pour examiner de près une maladie qui ravage les élevages de vers à soie. Il isole dans l'intestin de cet animal une bactérie. Bientôt, il dira le rôle des bacilles.

C'est en 1863 que le photographe Nadar s'envole à bord du ballon baptisé *le Géant*, excitant l'enthousiasme d'une foule en délire.

« Le Champs-de-Mars était envahi. *Le Géant* se dressait de toute sa hauteur, pendant que la nacelle — une maison d'osier de deux étages — circulait à travers la foule. Le directeur des chemins de fer de l'Ouest avait envoyé quatre chevaux et deux postillons. Cette nacelle, attelée à la Daumont, excitait déjà l'enthousiasme du public. Dans l'enceinte réservée, toutes les notoriétés parisiennes : savants, gens de lettres, journalistes, artistes, le ban et l'arrière-ban des premières représentations. (...) A 5 h 10, le cri " lâchez tout ! " retentit. *Le Géant* semble hésiter. Partira-t-il ? L'anxiété est dans tous les cœurs et sur tous les visages. Tout à coup, le monstre pique droit comme une flèche, entraînant cette maison, d'où tombent des fleurs lancées de la plate-forme. Un cri immense s'élève de l'enceinte du Champs-de-Mars — hourra formidable — vivats d'un peuple aux triomphateurs ! Bon voyage au *Géant*. »

Nous sommes en 1863. Jules Verne publie cette année-là *Cinq semaines en ballon*. En 1864, c'est le *Voyage au centre de la terre* ; en 1865, *De la Terre à la Lune*. Depuis 1862, on parle d'une passionnante invention américaine, le sous-marin. En 1870, paraît *Vingt mille lieues sous les mers*. C'est en 1870 qu'est construite la première centrale électrique et Louise Michel ne mourra pas avant d'avoir connu la radio, le métro, le cinéma, les premiers « plus lourds que l'air » et l'automobile.

On comprend mieux, dès lors, la passion que Louise Michel eut pour la science. Dans son histoire de la Commune, elle ne manque pas de citer la mort de Gustave Lambert, tué à Montretout, qui « peu de temps avant la guerre organisait une expédition pour le pôle Nord par le détroit de Behring », et elle ajoute :

« On s'occupa beaucoup ces années-là des pôles ; il avait été aussi question en 1870 de le tenter en ballon.

« Cette même année 1870-1871, les explorateurs étaient au nombre de trois, chacun par un chemin différent ; il y avait un Américain, un Anglais, un Français.

« Ce dernier seul, qui était Lambert, ne partit pas. Ces passionnantes expéditions trouvaient parmi nous des enthousiastes.

« Aujourd'hui, semblables expéditions se préparent ; les explorateurs sont trois également : un Américain, Peary, un Anglais, Jakson, un Norvégien, Jansen.

« Un autre Norvégien, Nansen, de retour en ce moment, raconte son voyage sur l'indestructible navire *le Fram*.

« Et comme il y a vingt-cinq ans, grand nombre d'entre-nous songent au temps ardemment désiré où, dans la grande paix de l'humanité, la terre sera connue, la science familière à tous, où des flottes traverseront l'air et glisseront sous les flots, parmi les coraux, les forêts sous-marines qui recouvrent tant d'espaces, où les éléments seront domptés, l'âpre nature adoucie pour l'être conscient et libre qui nous succédera. »

Cette profession de foi pleine d'optimisme, ne correspond pas seulement à la philosophie de Louise Michel, mais aussi à son goût prononcé, dès le jeune âge, pour tout ce qui touche à la science. Lorsqu'elle est institutrice à Paris, elle va suivre des cours divers dont elle parle dans ses *Mémoires.*

« La science et la liberté ! Comme c'était bon et vivifiant ces choses-là, respirées sous l'Empire, dans ce petit coin perdu de Paris ! (...) Comment trouvions-nous le temps d'assister à ces cours plusieurs fois par semaine ? Il y en avait de physique, de chimie, de Droit même (...) Plusieurs d'entre-nous avaient repris, à bâtons rompus, des études pour le baccalauréat ; mon ancienne passion, l'algèbre, me tenait de nouveau et je pouvais vérifier (cette fois avec certitude) que, pour peu qu'on ne soit pas idiot, on peut, pour les mathématiques, se passer de maître (en ne laisant aucune formule sans la savoir, aucun problème sans le trouver).

« Une rage de savoir nous tenait et cela nous reposait de nous retrouver, deux ou trois fois par semaine, sur les bancs nous-mêmes, côte à côte avec les plus avancées de nos élèves que nous emmenions quelquefois... »

En 1871, Louise s'intéresse aux travaux des savants qui « discutaient en paix, sans s'occuper de la Commune, qui ne pesait pas sur eux. Thénard, les Becquerel père et fils, Élie de Beaumont, se réunissaient comme de coutume. A la séance du 3 avril, par exemple, M. Sédillot envoya une brochure sur le pansement des blessures sur le champ de bataille ; le docteur Drouet sur les divers traitements du choléra, ce qui était tout à fait d'actualité, tandis que M. Simon Newcombe, un Américain, s'éloignait tout à fait du théâtre des événements et même de la terre, en analysant au tableau le mouvement de la lune autour de la terre.

« M. Delaunay, lui, rectifiait les erreurs d'observations météorologiques sans se préoccuper d'autre chose.

« Le docteur Ducaisne s'occupait de la nostalgie morale sur laquelle les remèdes moraux étaient plus puissants que les autres ; il aurait pu y joindre les hantises de peur, la soif de sang des pouvoirs qui s'écroulent.

« Les savants s'occupaient de tout dans une paix profonde, depuis la végétation anormale d'un oignon de jacinthe jusqu'aux courants électriques. M. Bourbouze, chimiste, employé à la Sorbonne, avait fait un appareil électrique par lequel il télégraphiait sans fils conducteurs à travers de courtes distances ; l'Académie des sciences l'avait autorisé à faire des expériences entre les ponts sur la Seine, l'eau étant meilleure conductrice pour l'électricité que la terre.

« L'expérience réussit, l'appareil fut utilisé au viaduc d'Auteuil pour communiquer avec un point de Passy investi par les lignes allemandes. »

Louise Michel s'intéresse à tout cela, comme s'y intéressaient ses contemporains dans la grande libération de la Commune. « Partout des cours étaient ouverts, écrit-elle plus loin, répondant à l'ardeur de la jeunesse. On voulait tout à la fois, arts, sciences, littérature, découvertes ; la vie flamboyait. On avait hâte de s'échapper du vieux monde. »

Louise va retomber bientôt dans le pire des vieux mondes : celui des prisons et de la déportation. Mais son appétit des sciences ne diminue pas. Au contraire.

Avant de partir pour la Nouvelle-Calédonie, elle passe un accord avec la Société de géographie à qui elle offre d'envoyer ses observations sur le climat et les productions de l'île. Elle demande à la Société d'acclimatation des graines qui pourraient être utiles au ravitaillement des déportés. Elle emporte avec elle une grammaire et un dictionnaire bretons, des grammaires russes et polonaises.

En Nouvelle-Calédonie, elle s'intéresse à la langue des Canaques et établit un dictionnaire des mots les plus utilisés dans diverses tribus. Elle fait preuve d'une sorte d'intuition ethnologique lorsqu'elle écrit : « Je puis me faire illusion, mais il me semble que la science devrait s'emparer des vocabulaires, des numérotations, saisir sur le vif les mœurs de l'âge de pierre, et qu'on trouverait au fond quelque chose du passé. »

Dans les innombrables poèmes qu'elle écrit alors et qui forment *les Océaniennes,* elle décrit en termes lyriques l'avenir scientifique de l'humanité :

« Un jour par son œuvre géante,
L'homme prendra ta force ardente,
Nature, dans la grande nuit. »

Elle évoque « navires sous-marins et navires des airs ».

Louise Michel connaît les théories de Pasteur. Elle tente d'immuniser les papayers que ravage une épidémie en « vaccinant » les arbres sains avec de la sève prélevée sur les arbres malades.

Les admirateurs de Louise Michel lui ont longtemps attribué la paternité de *Vingt mille lieues sous les mers.* Françoise Moser écrit : « Qui sait ou se rappelle que la création du *Nautilus,* le fameux sous-marin de *Vingt mille lieues sous les mers* est due à Louise Michel et non à Jules Verne ? »

Sans doute cet auteur (de même que Fernand Planche), a-t-il tiré cette étonnante information du livre d'Ernest Girault qui affirme : « Aussi beaucoup de gens, pour ne pas dire tous, seront très étonnés d'apprendre, par exemple, que

A son retour en France, Louise Michel publia plusieurs ouvrages sur les Canaques.

le fameux *Vingt mille lieues sous les mers,* publié par Jules Verne, est d'elle, non pas, bien entendu, le roman tel qu'il a paru, mais l'idée fondamentale ; ce qu'elle avait conçu, c'est le sous-marin, l'universellement connu *Nautilus.* Sa copie faisait environ deux cents pages et, un jour qu'elle avait plus que besoin d'argent, elle vendit son manuscrit 100 francs au célèbre vulgarisateur. »

G. Guilleminault et André Mahé, dans *l'Épopée de la révolte,* notent que « la légende persiste tenacement, dans les milieux anarchistes, qu'elle serait l'auteur véritable de *Vingt mille lieues sous les mers* dont elle avait cédé le manuscrit à Jules Verne contre la somme de 100 francs ».

En fait — et quoique Louise en eût été capable — il semble bien qu'il s'agisse d'une légende. Jules Verne n'a pas eu besoin de Louise Michel pour inventer le nom de *Nautilus.* Fulton avait conçu dès 1796 un engin sous-marin portant ce nom.

Le premier sous-marin français, *le Plongeur,* date de 1863. Tous les auteurs situent, d'autre part, la rédaction du mythologique document de Louise Michel à une date postérieure à sa déportation. Or Jules Verne eut l'idée d'un *Voyage sous les océans* et rédigea le plan du roman dès 1866. Le récit parut en feuilleton dans le *Magazine d'éducation et de création* en 1869. Il fut édité par Hetzel en 1870 et connut sa plus grande diffusion en 1872. Louise Michel n'a jamais écrit elle-même qu'elle fut l'auteur d'un texte ayant inspiré Jules Verne. L'affaire nous semble entendue et n'enlève d'ailleurs rien au génie de cette femme qui brilla plus par son courage politique que par ses œuvres littéraires.

Girault écrit aussi qu'« en 1888, au cours de conférences faites à la salle des Capucines, elle prévoyait déjà les rayons X en parlant de la transmission de pensée ». Tout cela ne nous paraît pas sérieux et relève plus de l'hagiographie que de la vérité. On serait sans doute plus près de la réalité en cherchant quelque rapprochement entre les vaticinations de Victor Hugo vieilli faisant tourner les tables et les idées de Louise sur la « transmission de pensée » qu'en faisant d'elle un précurseur de la radiographie.

Il n'en reste pas moins que Louise Michel fut — nous l'avons vu — une passionnée des sciences, comme beaucoup l'étaient à son époque. Ce qui nous intéresse, en l'occurrence, c'est le sens profond qu'elle attribue au progrès scientifique. Elle y voit l'un des moyens essentiels de la libération de l'homme et la source de son avenir lointain. Une fois l'idéal socialiste réalisé, dira-t-elle en 1881, « de ces sommets, on en apercevra d'autres. Les forces de l'humanité se tourneront vers les sciences qui renverseront les obstacles qu'oppose la nature ».

Lorsque la mort de sa mère la plonge dans un désespoir total (« Pauvre mère ! Maintenant tout est fini, mais après toi (si ce n'est la révolution), après toi, plus ne m'est rien ; si ce n'est d'aller près de toi, là-bas où tu dors »), elle se ressaisit en demandant à la bibliothèque de la prison où elle se trouve des ouvrages de science et d'histoire.

Les romans touffus et généralement illisibles qu'elle écrit dans les quinze dernières années de sa vie — sans presque jamais les achever — sont pleins d'allusions à des découvertes qui sont, certes, « dans l'air », mais que le grand public ne soupçonne pas. Elle prévoit « les gammes à distance » (la radio, mais on a vu que dès 1781 elle a eu connaissance de certaines expériences), les greffes d'organes, etc. Elle soupçonne les planètes « de nous envoyer des signaux »...

Au moment de l'Exposition universelle de 1889, elle émaille ses conférences de visions futuristes où le progrès technique s'allie à l'amitié entre les peuples. Elle exalte les machines qui, néfastes au travailleur aujourd'hui, le libéreront demain.

Enfants à la mine. Fin 19e siècle.
Photo Lewis Wilkes Hine-Édimédia.

Dessin d'André Masson pour le centenaire de la Commune.
Collection Livre-Club Diderot.

Urabietta, dit Daniel Vierge.
Portraits de Communards.
« Aquarelles (1871) ».

Honoré Daumier
Famille sur une barricade
pendant la Commune (1871)
Galerie Morodin Prague
Édimédia

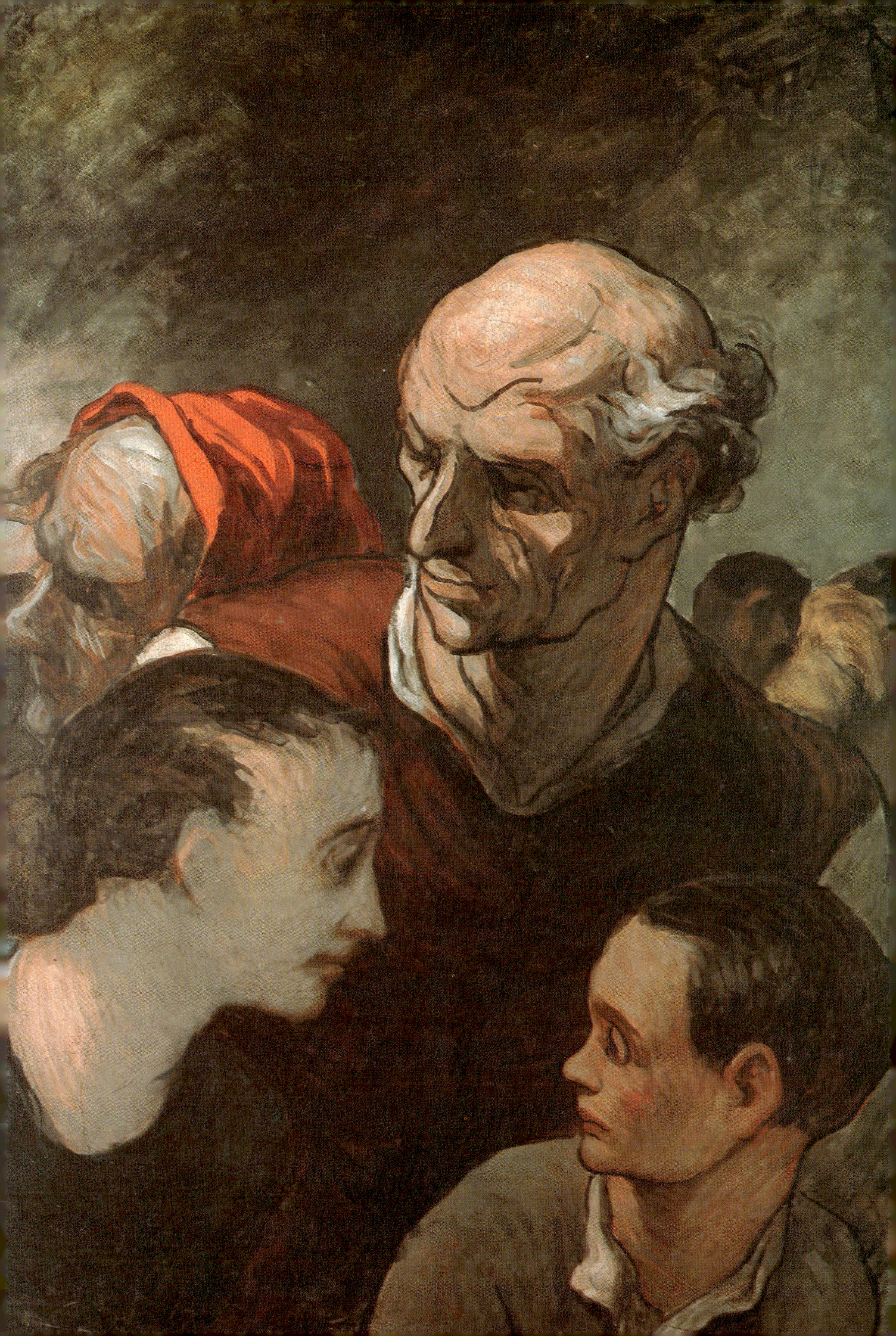

Proclamation de la Commune à l'Hôtel-de-Ville de Paris —
Musée de Saint-Denis.

Premier projet de programme de la Commune, annoté par le rédacteur : Amouroux. Musée de Saint-Denis.

RÉPUBLIQUE FRANÇAISE
LIBERTÉ — ÉGALITÉ — FRATERNITÉ

COMMUNE DE PARIS

PROGRAMME

Dans le conflit douloureux et terrible qui menace une fois encore Paris des horreurs du siège et du bombardement, qui fait couler le sang français, n'épargnant ni nos frères, ni nos femmes, ni nos enfants écrasés sous les obus et la mitraille, il est nécessaire que l'opinion publique ne soit pas divisée, que la conscience nationale ne soit point troublée.

Il faut que Paris et le pays tout entier sachent quelle est la nature, la raison, le but de la révolution qui s'accomplit. Il est juste, enfin, que la responsabilité des deuils, des souffrances et des malheurs dont nous sommes les victimes, retombe sur ceux qui, après avoir trahi la France et livré Paris à l'étranger, poursuivent avec une aveugle et cruelle obstination la ruine de la grande cité, afin d'enterrer dans le désastre de la Liberté et de la République le double témoignage de leur trahison et de leur crime.

La Commune a le d...er et de déterminer les aspirations et les vœux de la population de Paris; de p... le caractère du mouvement du 18 mars, incompris, inconnu et calomnié par les hommes politiques qui siègent à Versailles.

Cette fois encore Paris travaille et souffre pour la France entière, dont il prépare par ses combats et ses sacrifices la régénération intellectuelle, morale, administrative et économique, la gloire et la prospérité.

Que demande-t-il ?

La reconnaissance et la consolidation de la République, seule forme de gouvernement compatible avec les droits du peuple et le développement régulier et libre de la société.

L'autonomie absolue de la Commune étendue à toutes les localités de la France et assurant à chacune l'intégralité de ses droits et à tout Français le plein exercice de ses facultés et de ses aptitudes, comme homme, citoyen et producteur.

L'autonomie de la Commune n'aura pour limites que le droit d'autonomie égal pour toutes les autres communes adhérentes au contrat, dont l'association doit assurer l'Unité française.

Les droits inhérents à la Commune sont :

Le vote du budget communal, recettes et dépenses; la fixation et la répartition de l'impôt, la direction des services locaux, de la police intérieure et de l'enseignement; l'administration des biens appartenant à la Commune.

Le choix par l'élection ou le concours, avec la responsabilité et le droit permanent de contrôle et de révocation, des magistrats ou fonctionnaires communaux de tous ordres.

La garantie absolue de la liberté individuelle et de la liberté de conscience.

L'intervention permanente des citoyens dans les affaires communales par la libre manifestation de leurs idées, la libre défense de leurs intérêts : garanties do...

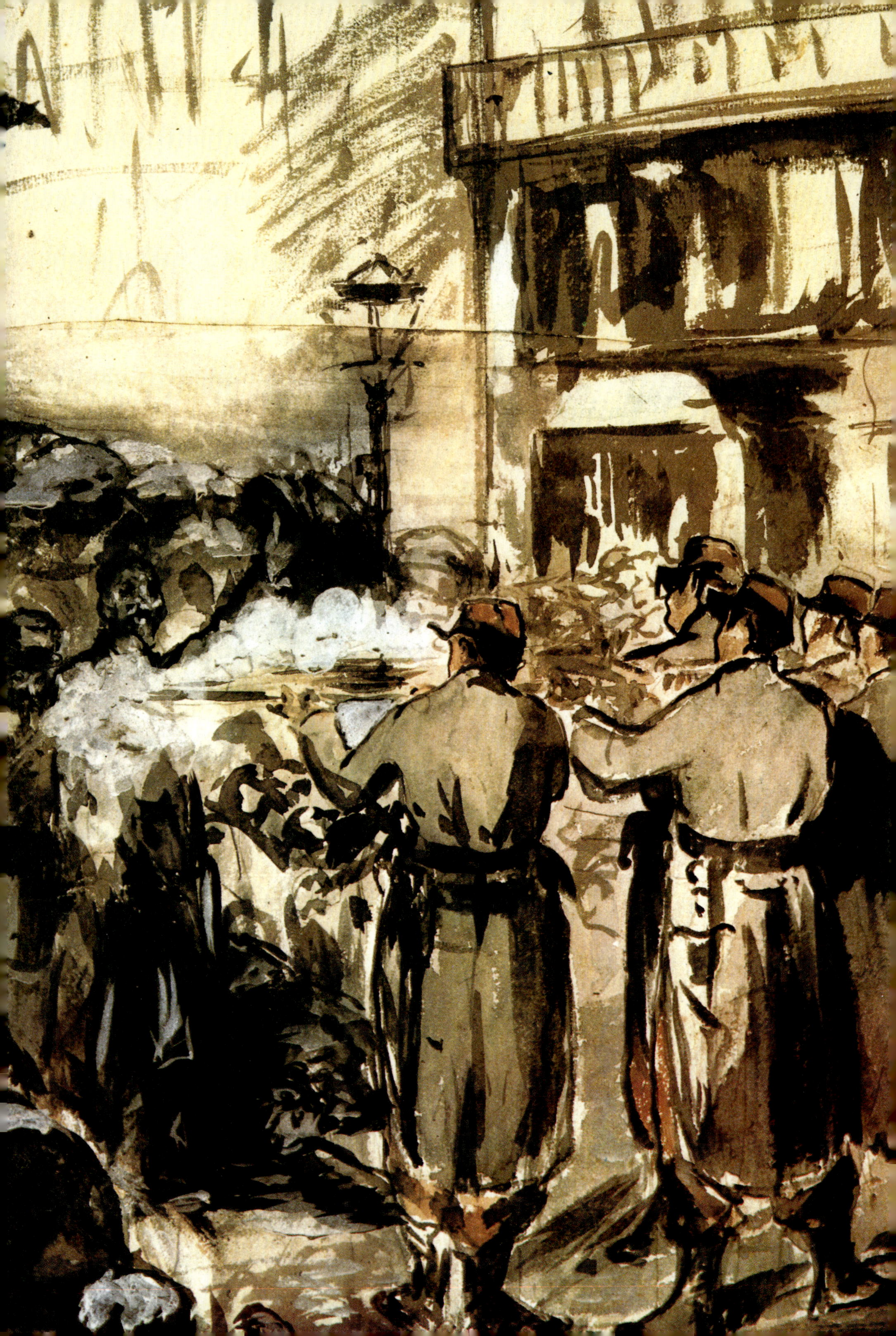

Dessin de Victor Hugo.
Musée Victor-Hugo. Photo Bulloz.

Page de gauche.
Édouard Manet : La Barricade.

Le parc d'artillerie
de la Butte Montmartre
le 18 mars 1871.
Les canons furent
la cause du soulèvement
insurrectionnel
d'où naquit la Commune.
D.R.

Ordre d'intervention
du Comité central
de la Garde nationale.
Musée de Saint-Denis.

Groupes de Communards.
Photos H.R. Viollet.

75

Paris en flammes pendant la semaine sanglante. Musée de Saint-Denis.

Illustrated London News.

Ruines de l'Hôtel-de-Ville.
« Paris sous la Commune par un témoin fidèle : la Photographie. »

Destruction par les Communards de la colonne Vendôme, symbole de l'Empire.

Illustrated London News, L'Illustration et « La Vie à Paris ».

Photomontage. Édimédia.

ASSASSINAT DES GÉNÉRAUX CLÉMENT THOMAS ET JULES LECOMTE
le 18 Mars 1871, à 4 heures du soir, rue des Rosiers, n° 6, a Montmartre.

Ci-dessous. Exécutions sommaires de Communards
pendant la semaine sanglante
dans les jardins du Luxembourg. Illustrated London News.

Dessin au crayon de Steinlein, en commémoration du 18 mars.
Musée de Saint-Denis.

Un groupe d'ouvriers parisiens participe à la Commune.
Édimédia.

ASSASSINAT DES OTAGES A LA PRISON DE LA ROQUETTE LE 24 MAI 1871
Mgr Darboy, Bonjean, Duguerry, Ducoudray, Clerc, Allard.

Photomontage. Édimédia.

RÉPUBLIQUE FRANÇAISE
LIBERTÉ — ÉGALITÉ — FRATERNITÉ
N° 278   N° 278

COMMUNE DE PARIS

MINISTÈRE DE LA GUERRE

Il est défendu d'interrompre le feu pendant un combat, quand même l'ennemi lèverait la crosse en l'air ou arborerait le drapeau parlementaire.

Il est défendu, sous peine de mort, de continuer le feu après que l'ordre de le cesser a été donné, ou de continuer à se porter en avant lorsqu'il a été prescrit de s'arrêter. Les fuyards et ceux qui resteront en arrière isolément seront sabrés par la cavalerie; s'ils sont nombreux, ils seront canonnés. Les chefs militaires ont, pendant le combat, tout pouvoir pour faire marcher et faire obéir les officiers et soldats placés sous leurs ordres.

Paris, le 9 mai 1871.

Le Délégué à la Guerre,
ROSSEL.

IMPRIMERIE NATIONALE. — M.. 1871.

Documents « Les Murailles de Paris ».

Cadavres d'enfants tués au combat à Montrouge.
Bibl. Nat. Paris.
Musée de Saint-Denis.

RÉPUBLIQUE FRANÇAISE
LIBERTÉ — ÉGALITÉ — FRATERNITÉ
N° 77   N° 77

COMMUNE DE PARIS

Paris, le 6 avril 1871

CITOYENS,

La Commune de Paris vous convie à l'enterrement de nos Frères assassinés par les ennemis de la République, dans les journées des 3, 4 et 5.

Réunion à 2 heures, aujourd'hui jeudi, 6 avril 1871, à l'hôpital Beaujon.

L'inhumation aura lieu au Père-Lachaise.

IMPRIMERIE NATIONALE. — Avril 1871.

83

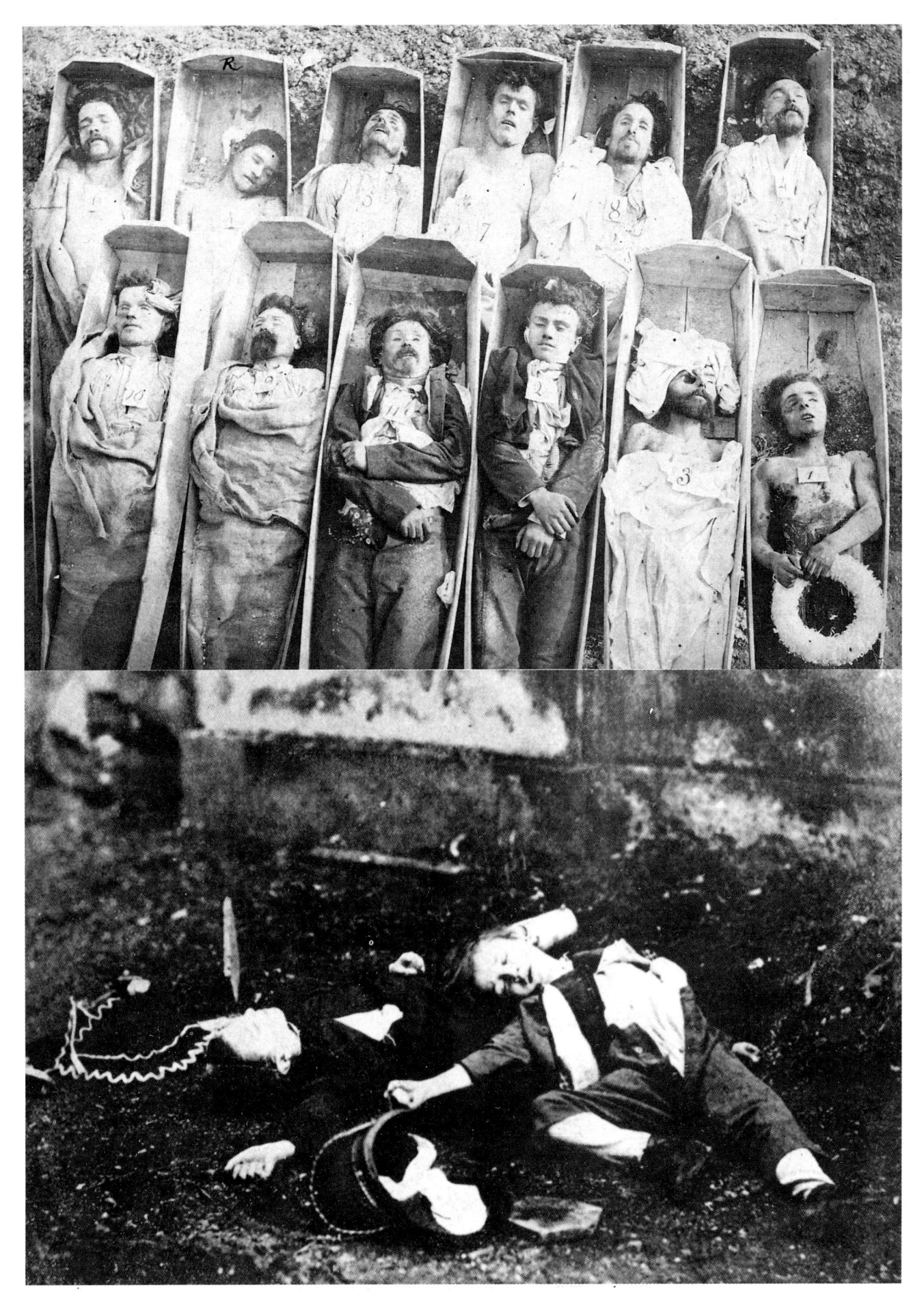

La barricade de la rue de Castiglione.
« Paris sous la Commune par un témoin fidèle : la Photographie. »

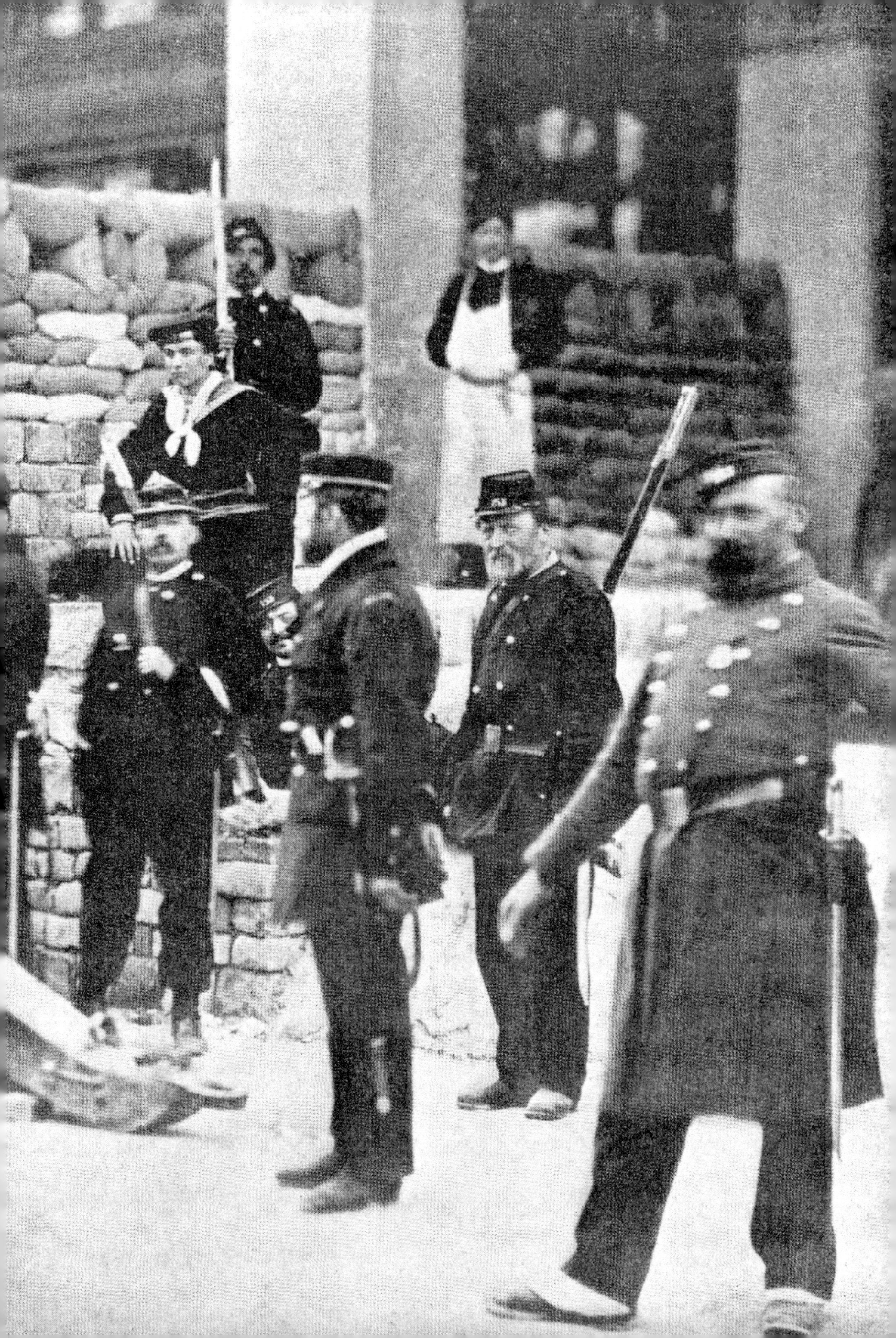

Départ du dernier ballon pour la province
emportant les proclamations de la Commune.
Édimédia.

Page de droite. Portrait de Louise Michel.
Bibliothèque Marguerite Durand.

LA POLITIQUE
EN MOUVEMENT

Louise Michel prononçant
l'oraison funèbre de Blanqui,
en 1881.

<mark>S</mark>i l'on s'en tenait aux *Mémoires* de Louise Michel, sa pensée philosophique et politique n'aurait pratiquement pas varié de l'enfance à la mort, encore qu'elle admette des infléchissements — tous dans le même sens — fruits de l'expérience. Contrairement à certains de ses biographes, nous considérons que sa vie fut, en effet, marquée par une unité de pensée assez remarquable. Et quand elle tait dans ses *Mémoires* une partie de ses écrits de jeunesse, voire de ses démarches — comme nous allons le voir — ce n'est certainement pas dans l'intention de tromper, mais, tout simplement, parce qu'elle n'y attache pas d'importance et que son perpétuel combat contre la bourgeoisie ne lui donne pas le loisir de *faire le détail.* Louise Michel est avant tout une combattante.

Un examen attentif de ses écrits permet de déterminer trois étapes principales dans sa pensée : idéalisme chrétien sans référence aux formes politiques de l'État ; humanisme républicain s'accentuant jusqu'à une conception plus ou moins utopique du socialisme et à l'engagement total dans la lutte révolutionnaire ; évolution vers l'anarchie après son retour de déportation. Encore ne faut-il pas schématiser. La vie ne se découpe pas en tranches et de véritables solutions de continuité dans une vie aussi riche que celle de Louise Michel n'existent pas. C'est donc uniquement pour la commodité de l'exposé que nous envisageons les stades évoqués.

Ernest Girault nous semble avoir assez bien dépeint l'évolution de Louise Michel lorsqu'il écrit: « Sortie d'une époque profondément christico-républicaine, élevée dans un milieu de carbonarisme bien pensant, elle sut, par ses propres moyens, suivre le processus logique de la pensée contemporaine; passer par le patriotisme dantonien, dont la réminiscence s'affirmait encore avec Leroux et Proudhon vers 1848 et 1851 ; chanter le socialisme chrétien d'un Saint-Simon et d'un Lamennais en 1863 et 1865; donner sincèrement dans le républicanisme opportuniste, mais anticésarien jusqu'en 1870, et, à ce moment, devenir, comme Blanqui, une patriote de *bon aloi,* pour enfin aller à la Commune avec l'internationalisme de Pottier, de Ferré, de Dereure, que désavouent aujourd'hui les *calicots* de la Sociale. La défaite de la Commune la fit devenir anarchiste. « Puisque, disait-elle dans sa conférence ayant pour titre: *Comment je suis devenue anarchiste,* les républicains, les socialistes, les hommes de la Commune n'ont rien pu faire au pouvoir, c'est que le pouvoir ne vaut rien, qu'on n'en peut rien faire et qu'il est mort. »

Louise Michel n'entre pas dans ces subtilités. Pour elle, « mon existence se compose de deux parties bien distinctes: elles forment un contraste complet: la première toute de songe et d'étude; la seconde, toute d'événements, comme si les aspirations de la période de calme avaient pris place dans la période de lutte ».

Et cela n'est certainement pas faux.

Les premiers écrits de Louise où se manifeste une pensée politique (et qu'elle néglige de citer dans ses *Mémoires*) apparaissent vers 1850 (elle a vingt ans). On sait qu'elle correspond alors avec Victor Hugo. Elle lui a adressé un poème intitulé « A la patrie », dans lequel elle plaide la cause des « fauteurs de troubles » de mai 1849 et proteste contre la loi sur la déportation. Elle n'est cependant pas encore la républicaine à principes qu'elle deviendra et qu'elle dira avoir été toute sa vie durant:

« Royalistes ou républicains
« Qu'importe le sceptre des rois,
« La baïonnette citoyenne,
« Les lys ou le vieux coq gaulois.

« C'est la France de Charlemagne
« De Jeanne d'Arc et de Henri

« Des rois je recherchais la trace
« Dans les récits de nos splendeurs.
« Mon luth ne savait que leur race
« Et ses exploits et ses grandeurs
« J'ai maudit les hordes sacrées
« Qui de leur courage enivrées
« Combattaient pour la liberté »
« Grâce pour les descendants,
« O grâce au nom de Louis Seize
« Pour les fils de la royauté
« Et pour les hordes populaires
« Miséricorde, car leurs pères
« Sont tous morts pour la liberté. »

Au nom de la liberté, Louise met encore tout le monde dans le même sac.

Ses poèmes parus dans la presse de la Haute-Marne ne sont pas d'une autre farine. Son orthodoxie catholique s'y manifeste sans détour. Ainsi dans « Le voile du calvaire » :

« Jésus sur son épaule avait penché la tête.
« Il s'éleva partout un souffle de tempête
« Et toute clarté s'éteignit.
« L'horrible mort trembla, les rochers se fendirent
« Et comme Christ mourait, les tombes se rouvrirent
« La mer frissonna dans son lit. »

Lors de l'assassinat de Mgr Sibour, tué par un prêtre à Saint-Étienne-du-Mont (il s'était rallié à l'Empire et Victor Hugo le vouait à l'anathème), Louise n'a de reproches que pour Paris.

« O Paris, que fais-tu de tes pasteurs ? »

Quand elle lance un appel en faveur de l'organisation d'un bureau de bienfaisance, elle s'écrie, au nom du poète :

« Prie à genoux la foule, appelle à la croisade,
« Et debout sur la barricade,
« Tenant en main la Sainte Croix
« Dis à tous : ce n'est plus le siècle de la guerre
« Combattons, mais le crime et l'horrible misère.

Ces textes semblent nous éloigner de l'image classique d'une Louise Michel farouchement révolutionnaire. En réalité, ils conduisent vers cela. Comment deviendrait-on socialiste si l'on n'avait en soi l'amour de l'humanité ?

Les idées politiques de Louise vont évoluer lorsqu'elle subira de nouvelles influences, à Paris, où elle s'est installée. Le témoignage cité par Chincholle et auquel nous avons déjà eu recours, nous semble ici encore fort éclairant, dans la mesure même où il émane d'un adversaire :

« Il y a plus de vingt ans (...) une institutrice qui eut longtemps une certaine réputation dans le quartier de la Bastille me présenta Mlle Louise de Mailly *(sic)*. C'est le nom que donnaient encore à Louise Michel ses amies d'enfance et les gens de son village ; elle le porta à Paris assez longtemps après la mort de son grand-père. Ces dames, catholiques pratiquantes, très charitables, plaignaient *indistinctement toutes les misères*. Louise y employait l'ardeur de dévouement qui l'a perdue. »

Louise fait la connaissance de Victor Hugo.

« *Les Misérables* venaient de paraître, l'auteur les lui envoya par un pontife de la libre pensée, qui la mit en rapport avec les généraux en chef des *frères et amis*. De ce moment, la politique commença de troubler cette imagination vagabonde, et il n'y eut plus de malheureux sur la terre que le peuple. Il fallait instruire le peuple, écrire pour le peuple. Tant que la maison d'éducation de la rue du Château-d'Eau resta aux mains de la vieille institutrice, Louise ne voyait que rarement ses nouveaux amis ; mais

Élèves d'une institution religieuse
à la fin du siècle.
Photo H.R. Viollet.

les infirmités obligèrent la maîtresse de pension de céder. Louise la suivit et la soigna jusqu'à sa mort avec son dévouement ordinaire. Heureux de mettre la main sur une proie si facile, ces messieurs lui procurèrent des leçons et commencèrent à s'en servir pour attirer d'autres *esprits avancés* parmi les femmes. Les républicains en manquent toujours. Un des professeurs d'instruction de la rue Hautefeuille, M. Francolin, s'en empara et la fit marcher, Dieu sait! Il se faisait alors un grand mouvement scolaire. En dehors de l'utopie des femmes médecins et députés, les femmes vraiment instruites et pratiques essayaient de renouveler le mode d'enseignement, tout à fait insuffisant et défectueux. Nous souhaitions surtout établir l'enseignement oral, tel qu'il se pratique aujourd'hui dans les cours. Après quelques menées plus ou moins avouées, ces messieurs de la rue Hautefeuille envoyèrent une circulaire à toutes les institutrices de Paris, les invitant à une conférence ayant pour but de s'entendre afin de chercher les moyens pratiques d'arriver au résultat désiré. Nous y allâmes en grand nombre. Des noms justement estimés pourraient être cités. Ces messieurs firent patte blanche ; chacune de nous souscrivit pour les premiers frais de l'association. Jour fut pris pour la lecture des statuts. Entre-temps, on se consulta, on se demanda : Où veulent-ils nous conduire ? On alla écouter les statuts, mais la séance fut orageuse. On ne trompe les femmes que lorsqu'elles le veulent bien ; nous découvrîmes le bout de l'oreille et l'école sans Dieu. Il y eut une troisième séance. Louise fut obligée de m'avouer qu'elles n'étaient pas dix. Elle n'en resta pas moins attachée à l'*Instruction populaire* et le Francolin lui persuada de recruter des institutrices pour faire des lectures aux femmes du peuple, après leur journée, dans tous les quartiers de Paris. Ce que nous tentâmes pour la dissuader de ce beau projet fut inutile ; elle fit des lectures à Montmartre et y commença sa carrière publique. »

Louise Michel reconnaît elle-même le changement qui s'opère alors en elle. Dans ses *Mémoires* parlant des vers qu'elle envoyait à Victor Hugo, elle écrit :

« J'envoyais à Victor Hugo, dans son exil, les poèmes qui me semblaient à peu près bons.

« *Mais le temps était loin* (souligné par nous. P.D.) où je lui adressais de Vroncourt des vers que le maître indulgent disait doux comme mon âge (...) ce que je lui envoyais maintenant sentait la poudre :

« Entendez-vous tonner l'airain ?
« Arrière celui qui balance !
« Le lâche trahira demain !
« Sur les monts et sur la falaise,
« Allons, servant la liberté.
« Soufflé par l'orage emporté,
« Passons, vivante *Marseillaise*.
« Passons, passons les mers, passons les noirs vallons.
« Passons, passons ; que les blés mêmes tombent dans les sillons. »

« Les mêmes vers, *la Marseillaise noire,* furent jetés par moi, un jour de 14 Juillet, dans la boîte des guichets de l'Échelle, avec d'autres, adressés à Mme Bonaparte... »

En 1858, elle s'est encore adressée à l'Empereur pour lui demander la grâce d'Orsini, mais en 1861, ses sentiments républicains sont définitivement affirmés.

« Vois ce qu'ils ont fait ces loups de la République ?
« Ce peuple au cœur ardent, ce peuple magnifique
« Prend pour maître un aventurier ;
« Il ne s'éveille plus au bruit de son histoire,
« Même sous le fouet ; c'est à ne pas y croire,
« Sa honte est à terrifier.
« Oh ! du moins, autrefois, dans vos luttes sanglantes,
« Le cœur battait à l'aise et les ailes géantes
« Emportaient votre esprit en haut ;
« On pouvait, en mourant sur la place publique,
« Crier de l'échafaud : Vive la République !
« Oh ! c'était grand et c'était beau !
« Aujourd'hui, tout se tait ; on entasse dans l'ombre,
« Pour qu'ils ne parlent plus, des prisonniers sans nombre,
« Car la mort ferait trop de bruit.
« Et quand on voit parfois que cette agonisante
« Qu'on appelle la France a murmuré, mourante,
« Un soupir dans l'affreuse nuit ;

« Quand elle a tressailli de honte ou de colère,
« L'homme qui la soumet, horrible bestiaire,
« Sur elle étend son hideux bras !
« Comme je regardais cette cohorte sombre,
« Un d'eux, s'en détachant, vint près de moi dans l'ombre
« Et me tendit ses pâles mains,
« Comme les donne un frère après les jours d'absence,
« Et je lus dans son âme au milieu du silence,
« L'arrêt terrible des destins.

« Tous deux nous paraissions à peu près du même âge,
« Et soit que ce fût l'âme, ou l'air, ou le visage,
« Ses traits étaient pareils aux miens.
« Et Saint-Just me disait dans la langue éternelle,
« Entends-tu, dans la nuit, cette voix qui t'appelle,
« Écoute, l'heure sonne, viens ! »

Simultanément, ses aspirations sociales, quoique encore très confuses et nimbées de sentimentalisme chrétien, deviennent plus concrètes. Elle décrit les *misères* de Paris (vieillards qui n'ont « ni rêve ni demeure », femmes cherchant dans les ordures une nourriture qu'eussent refusée les chiens), celles de Rouen où les enfants des ouvriers meurent de faim. Mais Louise est très proche de 1793, avec, cependant, des références au « drapeau rouge » qui sont déjà très claires. En 1867, elle écrit en effet :

« Le sang couvre encore la terre.
« Les hommes sont encore troupeaux ;
« Mais voici l'aube matinière
« Qui fait germer les jours nouveaux ;
« Debout ! peuples ! C'est la Diane ;
« Debout ! Voici la Marianne
« Agitant les rouges drapeaux
« Dans la paix immense du monde.
« Le progrès sans fin montera,
« Pareil à la foudre qui gronde

Enfants à la forge.
Collection Sirot.

Collection Sirot.

« Quand Quatre-Vingt-Neuf tonnera
« Tout le passé sera poussière ;
« Puis un jour lui-même suaire,
« Le cycle se refermera. »

La haine de l'Empire (« La tyranie alors n'avait qu'une tête, le songe de l'avenir nous enveloppait, l'Homme de Décembre nous semblait le seul obstacle à la liberté ») tient alors lieu pour Louise Michel et ceux qu'elle fréquente de programme politique et d'inspiration morale. Elle est certainement plus proche à cette époque de Jules Favre et d'Eugène Pelletan, de Rochefort fulminant contre Napoléon III dans *la Lanterne* et des républicains de *la Marseillaise* que des révolutionnaires qui ont mis sur pied, en 1861, la Première Internationale. En fait, elle ne voit pas de différences entre les néo-jacobins, les blanquistes et les

« Internationaux ». Ce sont tous des républicains. « Nul parmi nous ne pensait alors que rien pût égaler les crimes de l'Empire (...) Combien il y avait longtemps qu'on eût voulu arracher son cœur saignant de sa poitrine pour le jeter à la face du monstre impérial! Combien il y avait longtemps qu'on disait, froidement résolus, ces vers des *Châtiments*:

« Harmodius, c'est l'heure,
« Tu peux frapper cet homme avec tranquillité. »

On trouve dans l'évolution politique de Louise Michel, au cours des dernières années de l'Empire, le reflet très direct du mouvement des idées à cette époque. L'échec de la révolution de 1848 et la « purge » qui suivit en 1851, avaient laissé des traces durables dans la conscience ouvrière. Les vétérans du mouvement social n'étaient, certes, pas favorables à Napoléon III, mais, dans un premier temps, ils avaient accepté le coup d'État comme un bon tour joué aux députés bourgeois qui les avaient persécutés.

La classe ouvrière — encore minoritaire, et de loin — renforcée d'éléments venus en nombre de la paysannerie et porteurs de l'idéologie de celle-ci, n'avançait que lentement sur le chemin de la conscience de son propre rôle. Le « Manifeste communiste » de 1848 n'avait guère d'audience et Proudhon (son livre: *Du principe fédératif* avait paru en 1862) exerçait une influence dominante.

Proudhon représentait parfaitement l'idéologie d'une petite bourgeoisie écartelée entre la peur de la révolution sociale dont elle craint la fin de ses illusoires privilèges, et l'oppression du capitalisme qui la dépossède et l'écrase. On dénonce donc les « abus » du capitalisme, c'est-à-dire la concentration industrielle qui ruine les petits producteurs. Mais on ne s'en prend pas à l'essence du système, c'est-à-dire à l'exploitation du travail. La classe ouvrière est invitée par Proudhon à organiser elle-même des fédérations à l'usine comme à la campagne, qui deviendraient finalement des ensembles politiques après avoir groupé toutes les forces économiques. La forme de l'État bourgeois importait peu et les élections n'étaient que « des mécaniques de mensonge » propres à détourner l'ouvrier de la lutte véritable. Il est assez symptomatique que ces idées se retrouvent chez Louise Michel devenue anarchiste et qu'aujourd'hui encore, ceux qui sont restés cent ans en arrière — sinon cent cinquante — parlent de « pouvoir ouvrier » en régime capitaliste et crient comme en 1968: « Élections-trahison! »

Cette idéologie fort confuse fait l'affaire de l'empereur puisqu'elle autorise, en fait, toutes les compromissions avec une bourgeoisie dont on nie la réalité opprimante. Celle-ci ne va pas se priver d'en utiliser les ressources. Le prince Napoléon — dit *Plonplon* — entre secrètement en rapport avec Tolain, alors proudhonien en vue, pour une « ouverture à gauche » qui permettait de neutraliser les aspirations ouvrières au prix de quelques concessions sans danger. En 1862, l'empereur envoie à Londres, au congrès des Trade Unions, deux cents ouvriers, dont Tolain est secrétaire

Karl Marx par Siqueiros.
Collection particulière.

adjoint. Napoléon III ne serait pas mécontent qu'un *unionisme* français, inspiré des traditions anglaises et appuyé sur « l'élite » de la classe ouvrière, lui apporte son soutien.

Les leaders ouvriers adoptent en 1864 un « Manifeste des Soixante » qui met l'accent sur les revendications syndicales et non sur les réformes politiques : « Qu'on ne nous accuse point de rêver lois agraires, égalité chimérique, qui mettraient chacun sur un lit de Procuste, partage maximum, impôt forcé, etc. Non ! Il est grand temps d'en finir avec ces calomnies propagées par nos ennemis et adoptées par les ignorants. La liberté du travail, le crédit, la solidarité, voilà nos rêves. Le jour où ils se réaliseront, pour la gloire et la prospérité d'un pays qui nous est cher, il n'y aura plus ni bourgeois, ni prolétaires, ni patrons, ni ouvriers. Tous les citoyens seront égaux en droits. »

Ces « rêves » n'inquiètent pas beaucoup Napoléon III qui, après s'être appuyé sur les paysans, cherche à instaurer un « césarisme social » servant de contre-feu devant une montée des revendications ouvrières. Malgré la répression, les grèves n'ont, en effet, jamais cessé depuis le coup d'État (à Lyon, Limoges, Saint-Étienne, Rouen, dans le Nord et le Pas-de-Calais notamment, et aussi à Paris) et, depuis 1859, les organisations ouvrières de consommation et de production se sont multipliées. Les mouvements revendicatifs se développent, la « coalition », c'est-à-dire l'organisation ouvrière de type syndical, interdite et réprimée jusque-là, devient légale le 25 mai 1864, malgré toute une série de clauses restrictives. Proudhon, lui, continue à se prononcer contre la grève et Marx dénoncera sa « dialectique » qui n'est rien d'autre que la recherche de la *conciliation,* de *l'équilibre* entre les contradictions.

Or, la section française de l'Internationale, qui voit le jour le 28 septembre 1864, est dirigée par les proudhoniens. Ceux-ci gardent bien entendu les idées de leur maître à penser. Mais, dans la pratique, le mouvement ouvrier devenant de plus en plus combatif et les grèves se multipliant, les proudhoniens sont assez rapidement débordés par la base. Peu à peu, la section française de l'Internationale va soutenir les grévistes. A la fin de 1867, un premier procès contre les « Internationaux » a lieu. D'autres vont suivre.

Les marxistes véritables au sein de la section française — ils sont fort peu nombreux — trouvent un allié en Blanqui. Celui-ci dénonce les illusions mutualistes de Proudhon : « Le coopératif est un leurre, une illusion, une ombre décevante offerte en perspective aux travailleurs qui, croyant saisir une réalité, n'embrasseront qu'un fantôme. » Lors du congrès de Bâle (1869), l'influence blanquiste porte de nouveaux coups au corporatisme de Proudhon. Blanqui dira : « L'idée communiste a ressaisi la victoire, écrasé l'individualisme et dans le camp bourgeois l'allégresse a fait place à la consternation. »

Blanqui était cependant hostile à la section parisienne de l'Internationale qu'il trouvait trop proudhonienne. Parti-

Proudhon par Courbet.
Musée Fabre à Montpellier.

Portrait d'Auguste Blanqui
par David d'Angers, 1840.
Musée Carnavalet.

san sincère du socialisme, il ignorait les problèmes économiques et sous-estimait la lutte de masse du prolétariat. Il n'envisageait la prise du pouvoir que par l'action de groupes clandestins, militairement organisés et saisissant une occasion favorable. On retrouve chez Louise Michel des idées de ce genre, après son retour de déportation. Son romantisme s'accommode fort bien d'une théorie des coups d'éclat.

Mais les blanquistes n'étaient pas que « blanquistes » au sens qu'a conservé ce terme. Vers la fin de l'Empire, Blanqui a reconnu l'importance des grèves ouvrières et il les soutient. S'inspirant du babouvisme, il développe des idées sociales que l'on verra se concrétiser durant la Commune. Les blanquistes affirment que « dans l'organisation actuelle du travail, la majorité travaille sans consommer, une minorité consomme sans travailler ». Ils critiquent la famille bourgeoise qui repose, disent-ils, sur la tyrannique supériorité de l'homme, sur l'esclavage de la femme et de l'enfant (alors que Proudhon est contre l'égalité de l'homme et de la femme); ils montrent que la propriété, démocratisée par la Révolution de 1789, est redevenue l'apanage d'une classe; ils font le procès de la société capitaliste, génératrice de chômage et d'obscurantisme; ils dénoncent les sophismes bâtis autour du concept de *liberté.*

Ces thèmes sont développés par les blanquistes au cours d'innombrables réunions, à partir de 1868. Il est très vraisemblable que Louise Michel — encore qu'elle ne le précise pas — assiste à certaines d'entre elles. En tout cas, il est évident que les idées blanquistes ont eu sur elle une influence déterminante. On les retrouve dans nombre de ses écrits, comme nous le verrons plus loin.

Nous avons déjà vu que Louise participe aux obsèques-manifestation qui ont suivi l'assassinat de Victor Noir. Elle agira les jours suivants en faveur des blanquistes arrêtés. Il ne serait peut-être pas faux de considérer qu'en 1870 les idées blanquistes tiennent une place prépondérante dans sa pensée philosophique et politique. Et le goût de la conspiration qui lui est venu, mêlé aux souvenirs de la grande Révolution, le patriotisme jacobin et un certain babouvisme social, ont sans doute des racines qui ne remontent pas toutes à Vroncourt et au grand-père Demahis, comme elle le laisse entendre dans ses *Mémoires,* mais aussi, mais surtout, au courant de pensée très contemporain de ce socialisme encore tâtonnant que va expérimenter la Commune de Paris.

Louise Michel fut-elle adhérente de l'Internationale? Elle le laisse entendre, mais aucun document définitif ne permet de l'affirmer. Dans son livre sur la Commune, elle évoque la naissance de la Première Internationale qui vint « à son heure ». Elle décrit le local où siégeaient les sections parisiennes comme si elle y avait été elle-même : « Quand, tout près de 1871, on montait l'escalier poussiéreux de cette maison de la Corderie du Temple où les sections de l'Internationale se réunissaient, il semblait gravir les degrés d'un temple. C'était un temple, en effet, celui de la paix du monde dans la liberté. »

Lors de son procès devant le Conseil de guerre de Versailles, elle affirme avoir été membre de l'Internationale « mais, ajoute-t-elle, il est inutile de m'adresser aucune question au sujet de cette société, car je ne répondrai pas ». Dit-elle la vérité ? C'est possible, mais ce n'est pas certain. Louise, en effet, s'accuse alors de tout (Ferré a déjà été condamné et elle-même cherche la mort) et il est prouvé qu'elle en « rajoute » volontairement. Quoi qu'il en soit, elle est, de toute évidence, à cette époque, très proche des Internationaux. Il est vrai que ses sentiments *internationalistes* — dont elle ne se départira jamais — sont alors déjà très fermement ancrés dans son cœur.

Elle cite intégralement dans son histoire de la Commune l'adresse que les Internationaux français envoyèrent aux travailleurs allemands à la veille de la guerre :

« Frères d'Allemagne,

« Au nom de la paix, n'écoutez pas les voix stipendiées ou serviles qui chercheraient à vous tromper sur le véritable esprit de la France.

« Restez sourds à des provocations insensées, car la guerre entre nous serait une guerre fratricide.

Congrès de la 2ᵉ Internationale à Amsterdam en 1904.
1ᵉʳ rang : au centre Plekhanov entouré de Katayama et de Bracke.
2ᵉ rang : Rosa Luxemburg : à sa gauche Adler, Kautsky et Vandervelde.
Photo H.R. Viollet.

« Restez calmes comme peut le faire sans compromettre sa dignité un grand peuple courageux.

« Nos divisions n'amèneraient des deux côtés du Rhin que le triomphe complet du despotisme.

« Frères d'Espagne, nous aussi, il y a vingt ans, nous crûmes voir poindre l'aube de la liberté ; que l'histoire de nos fautes vous serve au moins d'exemple. Maîtres aujourd'hui de vos destinées, ne vous courbez pas comme nous sous une nouvelle tutelle.

« L'indépendance que vous avez conquise, déjà scellée de notre sang, est le souverain bien, sa perte, croyez-nous, est pour les peuples majeurs la cause des regrets les plus poignants.

« Travailleurs de tous les pays, quoi qu'il arrive de nos efforts communs, nous, membres de l'Internationale des travailleurs, qui ne connaissons plus de frontières, nous vous adressons, comme un gage de solidarité indissoluble, les vœux et les saluts des travailleurs de France.

« Les Internationaux français. »

Elle reproduit de même la réponse que firent à ce texte les Internationaux allemands et conclut : « Ces justes revendications furent étouffées par les clameurs guerrières des bandes impériales des deux pays, poussant devant elles vers l'abattoir commun, le troupeau français et le troupeau allemand. Puisse le sang des prolétaires des deux pays cimenter l'alliance des peuples contre leurs oppresseurs ! »

On pourrait soupçonner Louise Michel de s'être attribué après coup des sentiments qu'elle n'aurait pas éprouvés à l'époque. On se tromperait. Louise participe durant l'été 1870 à des manifestations en faveur de la paix et son état d'esprit ne laisse aucun doute.

Beaucoup plus tard, la même idée l'anime. Dans les conférences qu'elle donne en 1886, par exemple, elle s'élève contre l'esprit de revanche anti-allemand, alors si répandu, prône un accord entre le peuple de France et celui d'Allemagne, qu'il ne faut pas confondre avec les Guillaume et les Bismarck. Les socialistes allemands et français ne doivent pas se battre entre eux, mais s'unir contre leur propre bourgeoisie.

L'internationalisme ne s'oppose pas, chez Louise Michel — du moins en 1870-1871 — à un patriotisme de type jacobin. Lorsqu'elle écrit qu'au Comité de vigilance de Montmartre on se « sentait libéré, regardant à la fois le passé sans trop copier quatre-vingt-treize et l'avenir sans craindre l'inconnu », Louise porte un jugement sans doute valable pour tout le mouvement de la Commune.

C'est en tout cas l'esprit de quatre-vingt-treize qui l'anime lorsqu'elle participe, en août 1870, à une manifestation de femmes devant l'Hôtel de Ville pour réclamer des armes et marcher vers Strasbourg encerclé par les Prussiens : « C'était au temps du siège, avec Mme André L... Nous avions fait appel à des volontaires pour aller, à travers tout, à Strasbourg agonisante, et tenter un dernier effort ou

Dernière photo de Thiers quelque temps avant sa mort en 1877. Musée Carnavalet.

mourir avec elle. Les volontaires, en grand nombre, étaient venus. Nous traversions Paris en longue file, criant : « A Strasbourg ! A Strasbourg ! » Nous allâmes signer sur le livre ouvert sur les genoux de la statue et, de là, à l'Hôtel de Ville où nous fûmes arrêtées, Mme A.L..., moi et une autre pauvre petite vieille qui, traversant la place pour aller chercher de l'huile, s'était trouvée au milieu de la manifestation (...) Un gros bonhomme entrant, j'essaye de lui expliquer de quoi il s'agit. — Qu'est-ce que cela vous fait que Strasbourg périsse puisque vous n'y êtes pas ? me dit cet inconscient chamarré, venu nous voir par curiosité. Un membre du gouvernement provisoire nous fit mettre en liberté. C'est à cette heure-là même que Strasbourg succombait. »

Les défaites de l'armée française la remplissent de fureur. C'est en vers qu'elle s'écrie :

« Nous viendrons par les vastes plaines
« Où l'herbe est verte sur les morts,
« Par Strasbourg, par Metz, par les forts,
« Par l'Alsace et par la Lorraine

« Place ! Voici Quatre-Vingt-Treize

« Arborant ton rouge drapeau
« O République pour ta gloire
« Nous saurions rire sur l'échafaud. »

Le drapeau est rouge, mais c'est Quatre-vingt-treize : deux sources de la Commune.

L'élan de la grande Révolution, la charge héroïque conviennent à l'esprit de Louise. Elle s'est entraînée au tir dans les baraques foraines. Au Comité de vigilance, elle dispose un « petit vieux pistolet » sur sa table de présidente, « qui, habilement placé et saisi au bon moment, arrêta souvent les gens de l'ordre qui arrivaient, frappant à terre leurs fusils ornés de la baïonnette ».

Elle écrit, à la date du 31 octobre 1870 : « Les nouvelles des défaites, l'incroyable mystère dont le gouvernement avait voulu les couvrir, la résolution de ne jamais se rendre et la certitude qu'on se rendait en secret firent l'effet d'un courant glacé précipité dans un volcan en ignition. On respirait du feu, de la fumée ardente. Paris, qui ne voulait ni se rendre ni être rendu et qui en avait assez des mensonges officiels, se leva. Alors comme on criait au 4 septembre : Vive la République ! on cria au 31 octobre : Vive la Commune ! »

A en croire ce jugement, la Commune est donc pour Louise Michel initialement un sursaut patriotique, ce qui n'est certainement pas faux. Mais, avec une grande lucidité politique, elle ne s'en tient pas là. « La mairie de Montmartre, écrit-elle par exemple, avec Jaclard, Dereure, Lafont pour adjoints de Clemenceau, fit par instants trembler la réaction. Elle se rassura bientôt : les plus fiers courages devenaient inutiles dans les vieux engrenages de l'Empire où, sous des noms nouveaux, on continuait à moudre les déshérités (...) Rien n'était changé puisque tous les rouages

L'insurrection
du 31 octobre 1870.
Musée de Saint-Denis.

L'insurrection du 31 octobre 1870. Musée de Saint-Denis.

n'avaient que pris des noms nouveaux, ils avaient un masque, c'était tout. »

Marx a fait la même constatation. Il en conclura que le prolétariat ne peut pas seulement *adapter* la machine de l'État bourgeois, mais qu'il doit la *briser*. Louise Michel l'a très bien compris, elle aussi.

Elle conserve, certes, sur la Commune, un jugement d'ensemble romantique où son sentiment de la mort reparaît (« Ce n'était pas la fête du pouvoir, mais la pompe du sacrifice. On sentait les élus prêts pour la mort »). Mais elle se rendra compte des erreurs fondamentales commises avec une grande clairvoyance et certaines de ses formules sont très proches de celles de Marx et d'Engels.

« Les fédérés furent héroïques, écrit-elle. Mais ces héros eurent des faiblesses, souvent suivies de désastres. » Et encore : après le 18 mars, la victoire « eut été durable si, dès le lendemain, en masse, on fût parti pour Versailles où le gouvernement s'était enfui. (...) Beaucoup d'entre nous fussent tombés en chemin, mais la réaction eût été étouffée dans son repaire. La légalité, le suffrage universel, tous les scrupules de ce genre qui perdent les révolutions, entrent en ligne comme de coutume ».

Louise Michel a tiré certaines conclusions justes de l'échec de la Commune. Elle se rendra compte, durant son séjour au bagne, que « nos amis de la Commune (furent) si honnêtes qu'en craignant d'être terribles, ils ne furent énergiques que pour jeter leurs vies ». Elle approuve le manifeste des proscrits de Londres (1874), qui proclame :

« Nous sommes révolutionnaires, autrement *communeux,* parce que voulant la victoire, nous en voulons les moyens. Parce que, comprenant les conditions de la lutte, et voulant les remplir, nous voulons la plus forte organisation de combat, la coalition des efforts, non leur dispersion, mais leur centralisation.

« Nous sommes révolutionnaires parce que pour réaliser le but de la Révolution, nous voulons renverser par la force une société qui ne se maintient que par la force. Parce que nous savons que la faiblesse, comme la légalité, tue les révolutions *(on voit que cette formule se rapproche de celle utilisée ci-dessus par Louise Michel),* que l'énergie les sauve. Parce que nous reconnaissons qu'il faut conquérir le pouvoir politique que la bourgeoisie garde comme d'une façon jalouse pour le maintien de ses privilèges. Parce que dans une période révolutionnaire, où les institutions de la société actuelle devront être fauchées, la dictature du prolétariat devra être établie et maintenue jusqu'à ce que, dans le monde affranchi, il n'y ait plus que des citoyens égaux de la société nouvelle. »

Il n'est pas inutile de rappeler que Marx avait tiré les leçons des événements de la Commune dans l'Adresse du Conseil général de l'Association internationale des travailleurs, connue sous le titre : « La guerre civile en France », dès juin 1871. Trois éditions en ont paru en Angleterre entre juin et fin juillet. Une première traduction allemande (faite par Engels) est publiée par le *Volksstaat* de Leipzig du 28 juin au 29 juillet. « L'Internationale », organe des sections belges de l'AIT, la publie en français, puis sous forme de brochure (9 000 exemplaires) en juin 1872. Moins de deux ans après la Commune, des milliers d'exemplaires de la *Guerre civile* circulent donc en anglais, en allemand et en français. Il est par conséquent compréhensible que Louise Michel ait connu et approuvé certaines des thèses principales de Marx et d'Engels et qu'on les retrouve — partiellement tout au moins — dans le *Manifeste des proscrits de Londres* (dont Engels critiquera vivement l'absence de réalisme, montrant que ses auteurs érigeaient en théorie leur propre impatience.

Il ne faut cependant pas oublier que l'Internationale connaît après la défaite de la Commune une crise très grave qu'accentue la répression qui s'abat sur elle dans la plupart des pays où elle est représentée. Bakounine, dont les idées anarchistes avaient été pour beaucoup dans les erreurs commises par les communards, organise la scission de l'Internationale (12 novembre 1871). Marx et Engels le dénoncent avec vigueur, montrant que, sur une base sociale hybride (déclassés, lumpen-prolétariat et petite bourgeoisie ruinée), il favorise la constitution de sectes qui sont « l'enfance du mouvement prolétaire comme l'astrologie et l'alchimie sont l'enfance de la science ». Mais les idées bakouniniennes ne vont pas sans exercer leur influence sur les survivants de la Commune, déçus, meurtris, impatients et aigris.

Louise Michel sera de ceux-là. Parce que proudhoniens, blanquistes et néo-jacobins, forts de leur bonne conscience n'avaient pas eu de stratégie révolutionnaire pendant la Commune, elle en tire la conclusion, non pas de la nécessité de cette stratégie révolutionnaire que préconisent Marx et Engels, mais de son *impossibilité*. Son amour romantique de la liberté, du socialisme, de la *révolution,* la conduit à l'adoption d'un sophisme qu'elle exposera en toute bonne foi.

« J'ai raconté bien des fois comment pendant le voyage de Calédonie je devins anarchiste.

« Entre les deux éclaircies de calme où elle ne se trouvait pas trop mal, je faisais part à Mme Le Mel de ma pensée sur l'impossibilité que n'importe quels hommes au pouvoir puissent jamais faire autre chose que commettre des crimes, s'ils sont faibles et égoïstes ; être annihilés s'ils sont dévoués et énergiques ; elle me répondit : « C'est ce que je pense. » J'avais beaucoup de confiance en la rectitude de son esprit, et son approbation me fit grand plaisir. »

Puisque les hommes sont incapables d'exercer le pouvoir quand ils sont honnêtes, il faut supprimer le pouvoir. C'est aussi simple que cela. Faisons la révolution et tout ira bien. Détruisons l'appareil d'État et, après, les « lois d'attraction » (inventées par Fourier), emportant « sans fin les sphères sans nombre vers des soleils nouveaux », présideront « aux destins des êtres ». On ne saurait être plus clair...

Louise Michel ne fait directement référence à Fourier ni dans ses *Mémoires* ni dans *la Commune.* Il semble que les théories de cet ancêtre du socialisme (1772-1837), ne l'inspirent que dans la dernière partie de sa vie, à une période où sa pensée politique devient de plus en plus confuse et régresse vers une utopie quelque peu délirante. On notera que c'est en 1889 que sont publiées à Paris (avec une introduction de Charles Gide) des « Pages choisies » de Charles Fourier, c'est-à-dire quelques années avant qu'on trouve des allusions à son œuvre dans les écrits et les discours de Louise Michel. Il est cependant vraisemblable qu'elle ait eu connaissance antérieurement des œuvres principales de l'illustre utopiste dont plusieurs ouvrages avaient été réédités entre 1840 et 1850, c'est-à-dire à une époque où Louise dévore tous les livres qui lui tombent sous la main.

Lorsqu'elle évoque les « Lois d'attraction », elle se réfère cependant à la théorie fouriériste selon laquelle il existerait des « lois d'attraction passionnée », analogues à celles de « l'attraction matérielle » de Newton, « L'attraction passionnée, écrivait-il, *se trouve être l'archétype sur lequel Dieu a réglé toutes les modifications de la matière, l'ordre du mouvement universel et du mouvement humain dans tous les mondes* ». (Lettre au ministre de la Justice, 25 décembre 1803.) Quels que soient les mérites de l'œuvre de Fourier considérée par rapport à son temps, on concevra qu'on en était un peu plus loin, cent ans après, et que seul le désarroi idéologique dans lequel l'anarchisme avait plongé Louise Michel explique son subit intérêt pour des théories largement dépassées.

Louise Michel ne veut pas du suffrage universel, considéré comme un piège. Elle estime, après 1880, que « toutes les révolutions précédentes ont été insuffisantes, parce qu'elles étaient *politiques*. Chaque fois, il ne s'agissait que de mettre des hommes à la place d'autres hommes. Elle adopte une attitude fidéiste qui n'a plus rien à voir avec la science des sociétés : « Je crois à la révolution comme d'autres croient en Dieu. » Que se passera-t-il après la Révolution ? « Cela m'inquiète peu... Après la Révolution, il sortira de l'inspiration du moment quelque grande et féconde idée de rénovation sociale. » La révolution sera internationale ou elle ne sera pas. Louise est contre la séparation de l'Église et de l'État puisqu'elle ne reconnaît ni Églises, ni États. La grève générale qui n'a d'autre meneur que « l'instinct de vie » permettra la « prise de possession ». Elle viendra de soi-même et règlera son sort à la bourgeoisie. Mais, paradoxalement, « vingt hommes résolus à faire le nettoyage qui s'impose feraient plus que toutes les foules du monde ». Louise est tantôt partisan de la violence individuelle, tantôt contre.

Louise vaut mieux que toutes ces vaticinations de la fin de sa vie, qui la conduiront à des actes souvent irréfléchis, mais toujours d'une lumineuse générosité. Quand elle déclare au *Figaro* : « Mon idéal était à vingt ans et même bien longtemps auparavant ce qu'il est ajourd'hui : l'humanité haute et libre sur la terre libre », nous pouvons la croire.

Discussion sur les Grands Boulevards pendant la Commune.

> **RÉPUBLIQUE FRANÇAISE**
>
> ## HABITANTS DE PARIS,
>
> L'armée de la France est venue vous sauver.
>
> Paris est délivré.
>
> Nos soldats ont enlevé à quatre heures les dernières positions occupées par les insurgés.
>
> Aujourd'hui la lutte est terminée : l'ordre, le travail et la sécurité vont renaître.
>
> Au quartier général, le 28 mai 1871.
>
> **Le Maréchal de France, Commandant en Chef,**
> **Maréchal de MAC-MAHON, duc de Magenta.**

Document « Murailles de Paris ».

Prisonniers à Versailles :
Haut : Les « Intéressants ».
Bas : Les « Dangereux ».
L'Illustration.

Les Pétroleuses. L'Illustration.

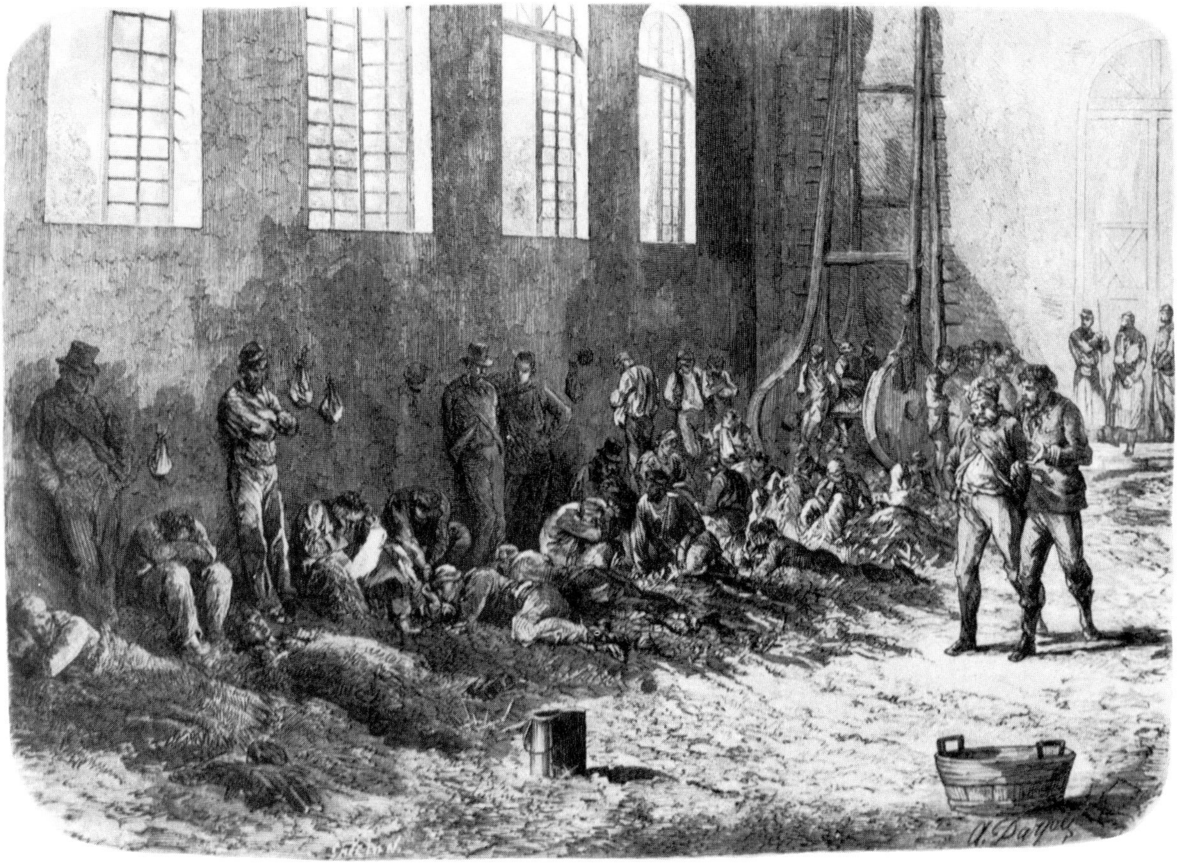

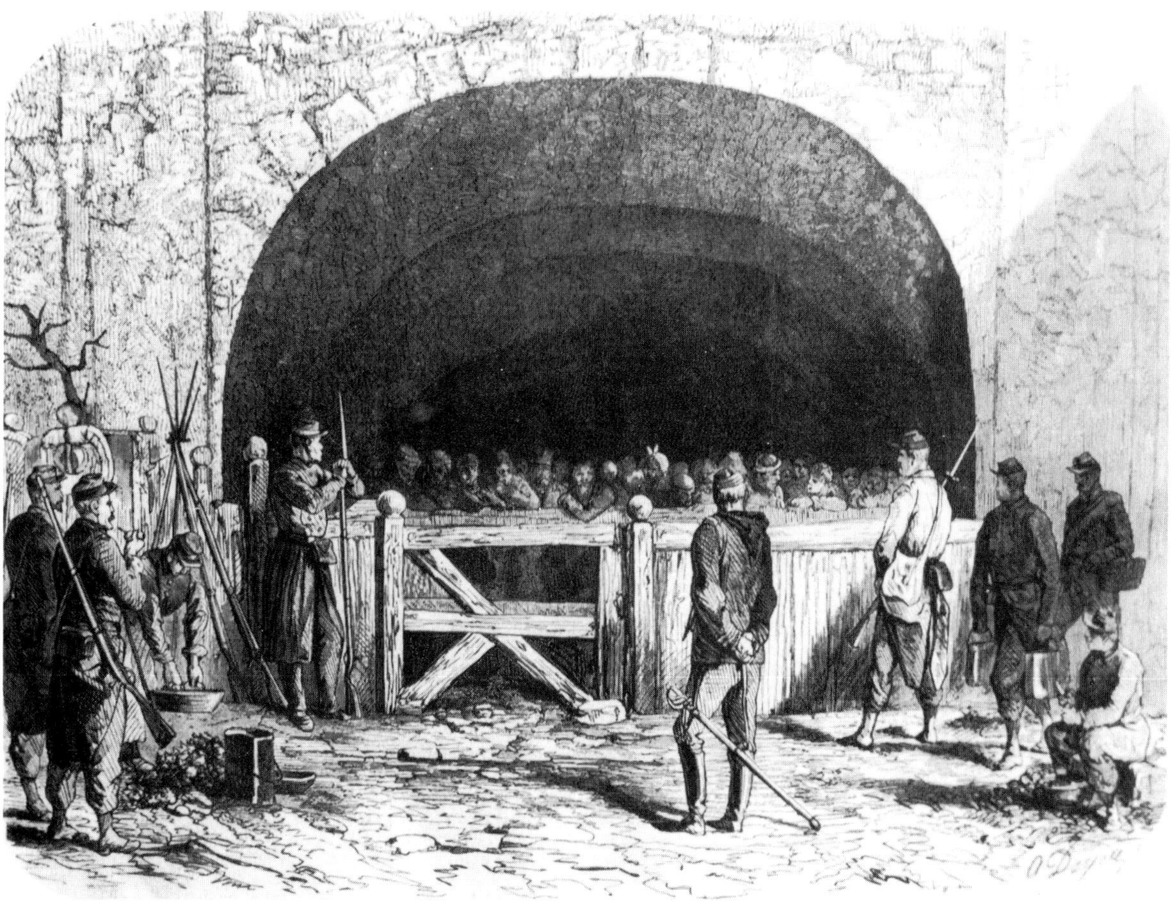

LES MEMBRES DE LA COMMUNE DEVANT LE CONSEIL DE GUERRE À VERSAILLES
Jugement du 2 Septembre 1871

Photos H.R. Viollet.

EXÉCUTION DE ROSSEL BOURGEOIS ET FERRÉ

Musée de Saint-Denis.

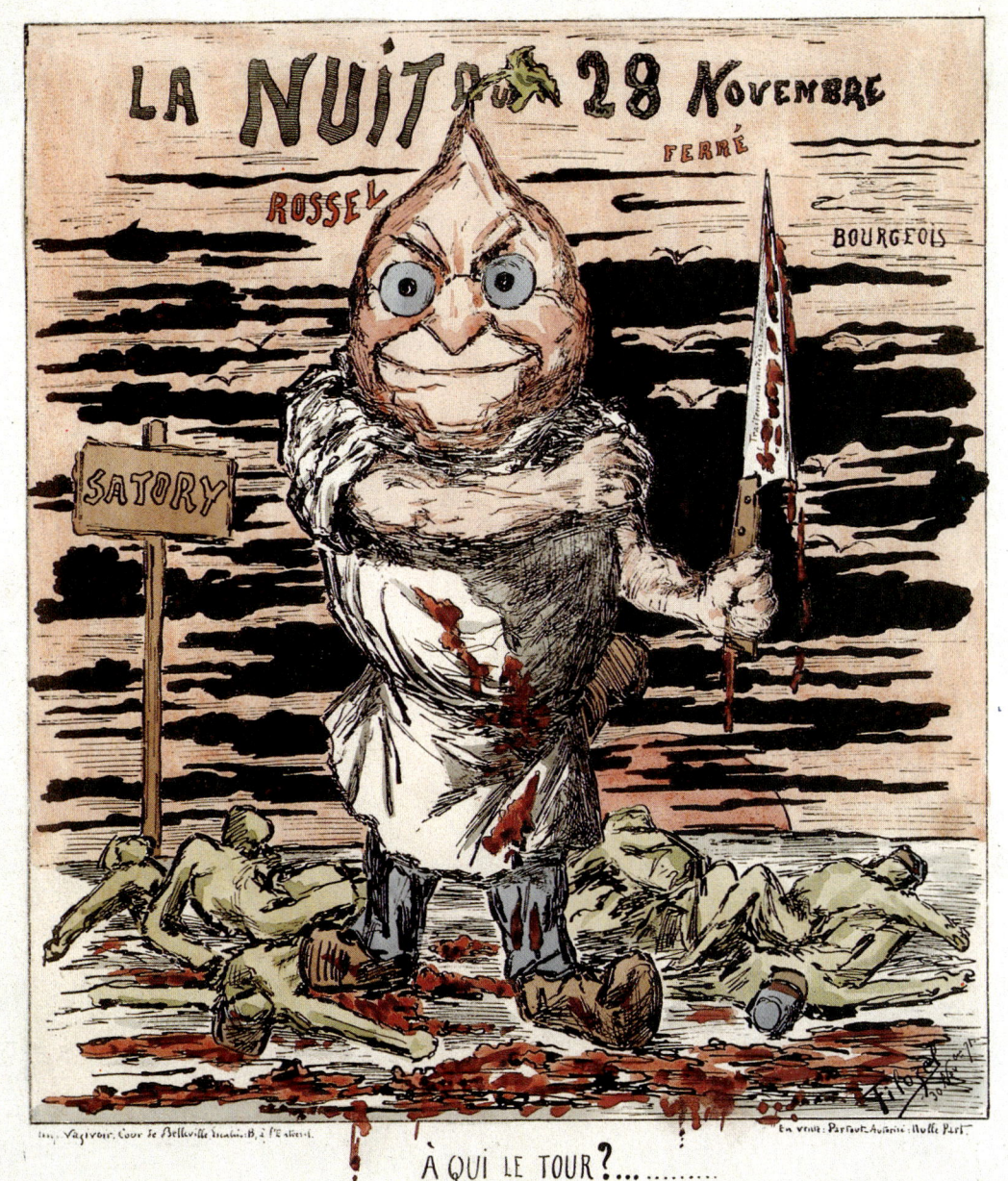

Lettres de prison
de Louise Michel
à Théophile Ferré.
Bibl. Marguerite Durand.

que m'inspirait la défaite prévue, qu'un seul moyen pouvait sauver Paris déjà vendu, faire sauter à mesure toutes les places conquises, et reculer ainsi s'enfermer dans les remparts où l'on combattrait jusqu'au dernier souffle.) Je réclamai l'indignation et la vengeance au cœur, des exécutions d'otages.

Il me répondit, que de telles choses étaient des crimes contre l'humanité ne servaient qu'à prouver la faiblesse et assurer la défaite et que tant qu'il serait debout on ne les emploierait pas.

Nous eûmes une longue et très vive discussion, et ses dernières paroles furent pour flétrir ces froides exécutions qui perdent les causes dans l'avenir sans les sauver dans le présent.

Aujourd'hui, je vous envoie le dernier cri de ma conscience vers les vôtres.

Louise Michel

Théophile Ferré.
Édimédia.

110/

Les obsèques de Louise.
Eau-forte par Albert Piters-Desteray.
Don de M. et Mme Couturier. Musée de Saint-Denis.

Peinture de Jules Girardet :
l'arrestation de Louise Michel.
Musée de Saint-Denis.

Louise Michel parlant aux Communards.
Jules Girardet-Musée de Saint-Denis.
Page de droite : portrait de Louise Michel.
Photo H.R. Viollet.

ÉPRISE D'HÉROÏSME

Caricature de Louise Michel par Alfred Lepetit.

De même qu'il est difficile de classer Louise Michel dans un parti politique avant et pendant la Commune, de même son activité, après le retour de déportation, n'appartient pas exclusivement à une organisation précise. Elle se proclame, certes, anarchiste, comme, autrefois, elle s'affirmait républicaine; mais elle agit avec un certain éclectisme, une volonté de rester surtout l'écho sonore de la Commune, la propagandiste des idées et des hommes de 1871.

Quelques mois après sa libération, en janvier 1881, elle précise elle-même : « Je suis avec ceux d'entre vous qui vont en avant, mais je n'appartiens à aucun de vos groupes. Je vais devant moi, calme et froide, sous le souffle glacé du nord, n'ayant ni haine ni pitié pour les hommes ou les choses qui entravent la révolution et ne les considérant que comme des obstacles qui doivent disparaître. »

Calme et froide, Louise ne l'est certainement pas. Mais sa détermination révolutionnaire, pour passionnée qu'elle soit, ne se démentira jamais. Le cadre anarchiste en sera souvent le lieu, mais pas seulement lui.

Il faut se souvenir de l'état du mouvement ouvrier français à cette époque pour mieux comprendre l'attitude de Louise Michel. La répression anticommunarde ne s'est pas bornée à la « Semaine sanglante » et aux procès de 1871-1872. La loi Dufaure du 14 mai 1872, véritable machine de guerre de l'ordre moral, permet à la bourgeoisie de sévir avec la plus extrême vigueur contre toute velléité d'organisation de la classe ouvrière. Des procès se fondant sur elle ont lieu en 1873 à Lisieux et à Toulouse, à l'occasion des tentatives de reconstitution de sections de l'Internationale.

L'état de siège ne sera levé que le 4 avril 1876 et les chambres syndicales, tout juste tolérées, sont soumises à une surveillance policière de tous les instants. Une première proposition d'amnistie en faveur des communards condamnés (proposition Naquet) est repoussée le 20 décembre 1875. En 1876, une seconde proposition (soutenue notamment par Raspail, Clemenceau, Lockroy, Floquet et, au Sénat, par Victor Hugo) échoue également. La même année, on exile encore des condamnés de la Commune en Nouvelle-Calédonie et de nouveaux procès sont ouverts aussi bien contre des communards que contre des militants ouvriers s'efforçant de réorganiser le prolétariat.

Un congrès ouvrier peut se tenir à Arras en octobre 1876, mais il doit se conformer au corporatisme le plus étroit. Malgré tout, Jules Guesde y verra un événement capital car « c'était la première fois qu'il était donné au prolétariat de se réunir et de faire entendre sa voix ». Mais le congrès international que Guesde veut organiser à Paris en 1878 est interdit et ses trente-huit organisateurs seront condamnés à la suite d'un procès intenté contre eux (24 octobre 1878).

Le gouvernement, cependant, doit reculer sur le plan de l'amnistie. Un premier texte, accordant la grâce présidentielle à certaines catégories de condamnés de la Commune est adopté le 3 mars 1879. Blanqui, toujours aussi vaillant, toujours en prison, est élu à Bordeaux, quoique inéligible. Il faut le remettre en liberté (11 juin 1879). Guesde peut organiser un congrès ouvrier à Marseille en octobre de la même année. Une résolution « collectiviste » y est adoptée et le premier parti ouvrier d'après la Commune y voit le jour : la Fédération du Parti des travailleurs socialistes de France. En juillet 1880, c'est le vote de l'amnistie, fruit de la lente renaissance du mouvement ouvrier et de ses premiers succès.

Jules Guesde avait été l'un des premiers proscrits de la Commune à rentrer d'exil. Venant de Suisse, il avait regagné Paris en septembre 1876. Il y trouve des étudiants plus ou moins révolutionnaires qui se réunissaient depuis 1873 au café Soufflot, dans le Quartier latin. Mais son mérite sera d'avoir compris, dès cette époque, que l'avenir de la révolution réside dans la classe ouvrière. C'est pourquoi, comme il le déclarera en août 1907, il n'avait pas voulu « se

Jules Guesde.
Photo H.R. Viollet.

Eugène Schneider : « Roi du fer. »
Il présida le corps législatif
jusqu'au 4 septembre. Collection Sirot.

séparer des syndiqués d'alors, quoiqu'ils fussent encore aux balbutiements, et quoique, prisonniers de la coopération bourgeoise, ils allassent jusqu'à proscrire la grève. Je me suis obstinément refusé à construire un mouvement socialiste en dehors du mouvement ouvrier, quel qu'il fût ».

La première édition française du *Capital* a paru entre 1872 et 1875, dans une traduction de Jules Roy, entièrement revue par l'auteur et vendue en livraison à 10 centimes l'exemplaire. Guesde en a tiré profit. Il va tout faire pour introduire dans le prolétariat les idées du socialisme scientifique, ce qui marque de sa part une évolution opposée à celle de Louise Michel. Il vient de l'anarchie et en a compris les erreurs et la nocivité. La pensée de Louise, au contraire, s'est arrêtée en chemin.

Les choses ne sont cependant pas aussi simples qu'elles pourraient paraître. La Fédération du Parti des travailleurs réunit des marxistes, des anarchistes et ceux qu'on appellera plus tard les « possibilistes », c'est-à-dire des réformistes de droite. Dès 1881, à propos des élections en vue desquelles Guesde a établi un programme en collaboration avec Marx et Engels, anarchistes et opportunistes s'opposent à ses conceptions révolutionnaires. Les uns et les autres font scission au début de l'an 1881 tandis que les blanquistes créent en juin un « Comité révolutionnaire central » qui fédère les cercles autonomes qu'ils ont constitués. Finalement, les guesdistes, approuvés par Engels, tiennent un congrès séparé à Roanne où naît le parti ouvrier.

Lorsque Louise Michel rentre de Calédonie, la situation du mouvement ouvrier français est donc pour le moins peu claire. Louise se refuse à faire un choix entre les diverses tendances, mais, en tout cas, elle ne rejette pas la collaboration avec les guesdistes.

Elle tient meeting avec Jules Guesde à Roubaix en décembre 1882 et lui écrit, à propos d'une autre manifestation (car elle est distraite et peu organisée) : « Y a-t-il une réunion ce soir ? Il me semble que j'en ai promis une à un de vos groupes. » Ce qui prouve que leurs relations sont alors assez étroites.

Lorsqu'elle est condamnée à la suite de la manifestation des chômeurs à laquelle elle a pris part aux Invalides et au cours de laquelle des boutiques ont été pillées (1883), les guesdistes — qui avaient flairé la provocation dans laquelle Louise Michel a foncé tête baissée — se déclarent solidaires de l'ancienne déportée. Il en sera de même en 1886, dans des circonstances voisines. L'historien Claude Willard, après avoir souligné que les guesdistes n'entretiennent que très rarement des relations d'unité d'action avec les anarchistes, note que, cependant : « Guesde participe à de nombreux meetings aux côtés de Louise Michel, en 1882-1883 et en 1886. Lorsque Louise Michel est condamnée pour avoir dirigé les manifestations anarchistes de sans-travail, le parti ouvrier de Reims la porte en tête de sa liste pour les élections municipales de 1884 (...) »

Femme travaillant à la mine à la fin du 19e siècle. Édimédia.

En 1885, Paul Lafargue, gendre de Marx et collaborateur de Guesde, vient l'interviewer dans sa prison pour le journal le Socialiste. Il lui dit combien elle manque au mouvement ouvrier et lui conseille d'accepter la « grâce » que lui offre le gouvernement et qu'elle refuse. Elle serait plus utile libre que prisonnière et surtout qu'elle ne s'imagine pas qu'elle devrait être reconnaissante au pouvoir bourgeois de la libérer. Elle ne lui devrait rien.

Ces sages propos d'un marxiste n'ont pas de prise sur le romantisme de Louise : « Que ceux qui m'aiment ne me parlent jamais de grâce. Ce serait me déshonorer ! »

En 1886 (elle est de nouveau libre), le Socialiste organise des réunions avec Louise Michel et Jules Guesde. Nous sommes à l'époque de la grève des mineurs de Decazeville dont elle prend la défense. Cette affaire passionne la France durant des mois. Le 3 juin, Louise prend la parole au théâtre du Château-d'Eau, à Paris, aux côtés des « collectivistes », Guesde, Lafargue et Susini. Elle s'en prend violemment au patronat et au gouvernement ; les autres orateurs aussi.

Ils sont convoqués par un juge d'instruction sur rapport du commissaire de police du quartier Saint-Merri, agissant par ordre du préfet. Guesde, Lafargue et Susini refusent de répondre aux questions posées et de signer quoi que ce soit. Louise, toujours sentimentale, confirme le sens des propos qu'on lui attribue. Le 12 août, l'affaire vient devant la cour d'assises de la Seine. Lafargue, Guesde et Susini ont décidé de ne pas se présenter à l'audience. Louise, bien entendu, ne laisse pas échapper l'occasion d'une bagarre. Pour avoir excité « au meurtre et au pillage », elle est condamnée (avec circonstances atténuantes) à quatre mois de prison et 100 francs d'amende. Ses trois camarades écopent de la même peine, par défaut.

Louise n'est cependant pas arrêtée à l'audience, ni dans les semaines qui suivent. Elle continue à prononcer des discours sans que la police s'en mêle, sinon pour la surveiller de près. Lafargue, Susini et Guesde ont fait appel du jugement qui reste donc en suspens. Or, comme l'écrit le Radical, « il n'est pas possible de conduire Louise Michel en prison alors que les autres seraient libres », encore que, conformément à ses habitudes, elle n'ait, elle, pas formé de recours.

Les trois « collectivistes » sont acquittés en appel. Que faire de Louise ? Le gouvernement ne sait sur quel pied danser et l'on parle de la grâcier. Naturellement, elle refuse. Finalement, elle bénéficie d'une remise de peine.

Louise tombe de plus en plus sous l'influence des chefs du mouvement anarchiste. En 1895, Sébastien Faure lui interdit pratiquement de collaborer avec les socialistes. Elle rêve d'ailleurs de quitter l'Europe pour se lancer dans quelque utopie en Amérique. Mais, auparavant, elle souhaite assister au congrès international socialiste des travailleurs et des chambres syndicales ouvrières qui doit se tenir le 27 juillet 1895 à Londres. Guesde, Lafargue, Jean Jaurès et Millerand, Édouard Vaillant (blanquiste), Allemane, etc. y participent, de même que les anarchistes Jean Grave et Pouget. Louise souhaite que l'unité du mouvement ouvrier se réalise. Il n'en est évidemment rien et les anarchistes sont exclus. Elle en est navrée. Sébastien Faure met définitivement la main sur elle et lui fait donner conférences sur conférences. Elle s'isole de plus en plus du mouvement socialiste. En 1898, elle se réjouit de l'échec de Jaurès aux

Picadilly Circus en 1895.
Louise vécut à Londres de 1890 à 1895.
Photo H.R. Viollet.

élections: « Moins il y aura d'hommes de valeur au Parlement, plus je serai contente. Quand il n'y aura plus que des nullités au Palais-Bourbon, ce sera peut-être la fin du parlementarisme. »

Il vient de moins en moins de monde aux réunions auxquelles elle participe. Après 1902, dans les villes ouvrières où autrefois des milliers de personnes se déplaçaient pour l'entendre, elle trouve le désert. « La population ouvrière s'abstient. » Le milieu anarchiste qui l'utilise se déchire et la déchire. « Entre militants ou devant le public, jamais Louise ne voulait avouer qu'on lui faisait des misères, écrit E. Girault, le compagnon de ses dernières années. « Allons, camarades, ne nous disputons pas, ça n'est rien. Vous ne vous êtes pas compris, voilà tout! Il faut faire la paix! » Mais, restée seule, la pauvre vieille en avait bien gros sur le cœur; et je sais ses dégoûts profonds, ses rancœurs atroces. Elle pleura plus d'une fois, la *Bonne Louise,* au cours de notre dernière tournée, devant la « solidarité éclatante » de certains militants.

Une analyse des positions politiques de Louise Michel ne serait pas complète si nous n'évoquions pas certains aspects particuliers de sa vie et de sa pensée.

Plusieurs de ses biographes ont mis en doute son appartenance à la franc-maçonnerie. Elle est cependant indiscutable. Dans ses *Mémoires,* Louise parle de la « démarche courageuse des francs-maçons, en 1871 » et ajoute: « Plus tard, en Nouvelle-Calédonie, sous le rajeunissement de la sève des tropiques, je revis des francs-maçons; ils me parurent animés d'un grand désir de progrès et se donnaient la peine d'y prendre part: c'était là où le soleil est chaud. En Hollande, depuis (dans la mère-patrie des braves), il m'a semblé que la franc-maçonnerie subissait le rajeunissement du printemps. » Dans son livre sur la Commune, elle raconte :

Bakounine, théoricien de l'anarchie et disciple de Proudhon exclu de l'Internationale en 1872. Photo H.R. Viollet.

« La Commune allait mourir! Qu'avait donc servi l'enthousiasme universel? Les grandes manifestations avaient eu lieu, mais Versailles avec son cœur de pierre n'avait senti que la banque en péril; les francs-maçons, le 26 avril, avaient envoyé des deux Orients de Paris une délégation des vénérables et des députés des loges, adhérer à la révolution; il avait été convenu que le 29, ils iraient en cortège sur les remparts entre le Point-du-Jour et Clichy, qu'ils planteraient la bannière de paix, mais que si Versailles refusait cette paix, ils prendraient, les armes à la main, parti pour la Commune.

« En effet, le 29 avril au matin, ils allèrent à l'Hôtel de Ville où Félix Pyat, au nom de la Commune, prononça un discours ému et leur remit une bannière.

« Ce fut un spectacle comme ceux des rêves que ce défilé étrange.

« Aujourd'hui encore il me semble en en parlant revoir cette file de fantômes allant avec une mise en scène d'un autre âge, dire les paroles de liberté et de paix qui se réaliseront dans l'avenir.

« L'impression était grande, il fut beau de voir l'immense cortège marchant au bruit de la mitraille comme en un rythme.

« Il y avait les chevaliers Kasoches avec l'écharpe noire frangée d'argent.

« Les officiers rose-croix, le cordon rouge au cou, et tant d'insignes symboliques que cela faisait rêver.

« En tête, marchait une délégation de la Commune avec le vieux Beslay, Ranvier, et Thirifocq, délégué des francs-maçons.

« Des bannières étranges passaient, la fusillade, le canon, les obus faisaient rage.

« Ils étaient là six mille représentant cinquante mille loges.

« Le cortège spectral parcourut la rue Saint-Antoine, la Bastille, le boulevard de la Madeleine, et, par l'Arc de Triomphe et l'avenue Dauphine, vint sur les fortifications, entre l'armée de Versailles et celle de la Commune.

« Il y avait des bannières plantées de la porte Maillot à la porte Bineau ; à l'avancée de la porte était la bannière blanche de paix, avec ces mots écrits en lettres rouges : « Aimez-vous les uns les autres. » Elle fut trouée de mitraille. Des signes s'étaient échangés aux avancées entre les fédérés et l'armée de Versailles ; mais ce fut seulement passé cinq heures que cessa la feu ; on parlementa et trois délégués francs-maçons se rendirent à Versailles où ils ne purent obtenir que vingt-huit heures de trêve.

« A leur retour, les francs-maçons publièrent un appel, avec le récit des événements et leur protestation contre la profanation de la bannière de paix, adressé à la Fédération des francs-marçons et compagnons de Paris. »

Louise Michel cite ensuite cet appel, suivi de la désignation des différentes *loges* de la franc-maçonnerie, et conclut : « N'est-il pas vrai que, comme les symboliques bannières, ces noms étranges de Loges ou d'hommes : la Rose du parfait silence, l'Étoile polaire, le Garant d'amitié donnent bien à cet épisode le double caractère du passé et d'avenir, de tombe et de berceau où se mélangent les choses mortes et les choses à naître.

« Ces fantômes étaient bien à leur place, entre la réaction en furie et la révolution cherchant à se lever. Plusieurs combattirent comme ils l'avaient promis et moururent bravement. »

A cette époque, Louise Michel n'était pas franc-maçonne. Edith Thomas affirme, après Françoise Moser, qu'elle donna son adhésion en 1903, « à la loge de la rue Rondelet », dit Françoise Moser, « à la loge du Droit humain », affirme Edith Thomas, qui cite le bulletin du Centre de documentation du Grand-Orient de France (nov.-déc. 1964, n° 48). Selon d'autres renseignements, c'est à la loge « La philosophie sociale » que « vers 1900 fut initiée Louise Michel. Affiliée à la Grande Loge symbolique écossaise, cet

La Franc-Maçonnerie et la Commune.
Dessin de Moloch.
Musée de Saint-Denis.

atelier admettait les femmes. C'est la sœur du docteur Pelletier qui fut marraine en maçonnerie de Louise Michel ». Il est précisé ensuite que « la sœur Louise Michel » fut une très active propagandiste en faveur de l'admission des femmes dans les Loges de toutes obédiences. Elle fit campagne pour cette idée, particulièrement dans les régions du Midi de la France ».

Louise Michel a effectivement été une combattante convaincue des droits de la femme, de l'égalité de l'homme et de la femme. Là encore, elle a participé à un courant d'idées qui s'affirmait avec de plus en plus de force depuis le milieu du 19e siècle. Contre Proudhon qui ne réservait aux femmes que les occupations de ménagère ou de courtisane, une vive réaction se fait jour avec Jenny d'Héricourt [*la Femme affranchie* (1860)]; Juliette Lamber [*Idées anti-proudhoniennes sur l'amour, les femmes et le mariage* (1861)], Marie Deraisme, André Léo, etc. Comme souvent chez elle, c'est avec une passion extrême que Louise va jusqu'au bout de ses opinions. Elle n'est cependant pas « féministe » au sens qu'a pris ce terme dans le vocabulaire des suffragettes bourgeoises de l'époque.

« Il n'y avait pas une femme plus antiféministe qu'elle, écrit Ernest Girault. Sur ce point, ele manifestait le plus grand bon sens : « Pourquoi la femme chercherait-elle à établir une dualité des sexes, alors que mâles et femelles ont tant besoin de s'unir, de s'entendre, de s'aimer ? »

On trouve dans ses *Mémoires* quantité de réflexions concernant ce problème.

« Les êtres, les races et, dans les races, les deux parties de l'humanité : l'homme et la femme, qui devraient marcher la main dans la main et dont l'antagonisme durera tant que la plus forte commandera ou croira commander à l'autre réduite aux ruses, à la domination occulte qui sont les armes des esclaves. Partout la lutte est engagée. Si l'égalité entre les deux sexes était reconnue, ce serait une fameuse brèche dans la bêtise humaine. »

« Jamais je n'ai compris qu'il y eût un sexe pour lequel on cherchât à atrophier l'intelligence, comme s'il y en avait trop dans la race. Les filles, élevées dans la niaiserie, sont désarmées tout exprès pour être mieux trompées : c'est cela qu'on veut. »

Elle affirme que ce ne sont pas les hommes qui *donneront* leur liberté aux femmes, mais que « toutes les inégalités tomberont du même coup, quand hommes et femmes donneront pour la lutte décisive ».

Louise Michel, nous l'avons vu, n'a pas été l'une des dirigeantes de cette *Union des femmes* qui joua un si grand rôle sous la Commune et que dirigeaient des marxistes comme Nathalie LeMel, Paule Mink et surtout Elisabeth Dmitrieff la correspondante de Karl Marx à Paris, qui lui donna une orientation nettement socialiste. Mais elle tient dans ses *Mémoires* à saluer « toutes ces braves de l'avant-garde » et ajoute : « Gare pour le vieux monde le jour où

Elisabeth Dmitrieff,
envoyée spéciale de Karl Marx
pour observer la Commune de Paris.
Elle dirigea l'Union des Femmes
pour la défense de Paris.
Édimédia.

les femmes diront : " C'est assez comme cela ! Elles ne lâchent pas, elles ; en elles s'est réfugiée la force, elles ne sont pas usées. Gare aux femmes ! " »

Les femmes sont têtues. Elles se battent jusqu'au bout. Pendant la Commune, elles refusèrent toute compromission : « Les femmes, je le répète, ne commirent pas de lâcheté ; cela vient de ce que ni les unes ni les autres, nous n'aimons pas à nous salir les pattes. Peut-être sommes-nous un peu de la race féline. » Rimbaud ne chantera-t-il pas les femmes de la Commune, toutes ces Louise Michel, qui :

« ...ont pâli merveilleuses
« au grand soleil d'amour, chargé
« Sur le bronze des mitrailleuses
« A travers Paris insurgé ? »

Les femmes, certes « ne valent pas mieux que les hommes » mais le pouvoir ne nous a pas encore corrompues ». Elles sont cependant encore plus exploitées que les hommes et ont donc mille raisons de se battre pour la Révolution.

En 1882, Louise annonce la constitution d'une « Ligue des femmes » : « Nous voulons apprendre aux femmes quels sont leurs droits et leurs devoirs ; nous voulons que l'homme regarde sa compagne, non comme une esclave, mais comme une égale. »

Mais Louise une fois de plus, s'emballe : « La mère ne veut plus que les belles filles soient à la débauche et les beaux garçons au canon. Dût-elle les étrangler pour les ravir à ce double monstre, je serai avec elle. » Et elle appelle les femmes à faire grève, « car il est bien clair que l'homme, quand la femme se mettra en grève, jusqu'à ce qu'elle ait conquis son égalité, ne tardera pas à mettre les pouces ».

Plus tard encore (en 1890), elle aurait même défendu la thèse de la « femme au foyer », le travail extérieur, la production sous toutes ses formes étant réservés aux hommes. Cela paraît, malgré tout, un peu invraisemblable. Il est vrai que Louise Michel est alors au mieux avec la duchesse d'Uzès, féministe notoire et fort bourgeoise, qui avait financé sa « Ligue des femmes ».

Il est vrai aussi qu'elle déclarera en 1899 : « Je réprouve (...) les parents pauvres qui donnent trop d'instruction à leurs filles et les incitent ainsi à des goûts de luxe qui les font se jeter dans la prostitution. »

Il est étrange que l'anarchie ait ainsi, peu à peu, amené Louise Michel à des platitudes qui l'auraient fait bondir quelques années auparavant.

On ne saurait parler de cette fin du 19e siècle sans évoquer l'affaire Dreyfus qui eut alors en France des répercussions considérables. On sait que les guesdistes commirent l'erreur de considérer « l'affaire » comme un simple épisode des luttes intérieures de la bourgeoisie, sans intérêt pour la classe ouvrière. Certains anarchistes allèrent plus loin et firent profession d'antisémitisme. Émile Pouget écrivait dans *la Sociale* : « Le youpin Dreyfus, qu'il soit

Le Capitaine Dreyfus avant « l'Affaire ».
Photo H.R. Viollet.

innocent ou coupable, je m'en tamponne le coquillard. Après tout, c'est une histoire de clans d'officiers. »

Il faut dire pour l'honneur de Louise Michel, que jamais elle ne succomba à l'ignominie du racisme. Elle appela même les travailleurs au cours d'un meeting au Tivoli-Vaux-Hall, le 15 janvier 1898, à ne pas participer au mouvement antisémite. Mais, cela dit, elle ne s'engagea pas du côté des dreyfusards. Elle se contenta d'une mise au points publiée par *L'Aurore* où son ami Vaughan venait de publier le *J'accuse* de Zola : « Je n'ai envoyé d'adhésion à qui que ce soit. J'ai dit assez haut ma façon de penser pour qu'on ne puisse pas s'y tromper (...) Je crie à ceux qui combattent : prenez garde de servir par vos haines les pouvoirs aux abois. C'est tout. »

Cette apparente neutralité n'est pas forcément en contradiction avec ce que raconte Ernest Girault.

« Au début de l'affaire Dreyfus, écrit-il, des enthousiastes désespérant de la justice des codes et voulant libérer au plus tôt l'innocent capitaine, avaient fait part de leur projet à Louise : on fréterait un bâtiment, on l'armerait, on soudoierait si possible les gardiens mais, de toutes façons, on arracherait la « grande victime » à sa géhenne.

« Elle accueillit cette proposition avec enthousiasme et voulut même être de l'expédition. Seulement il fallait de l'argent, beaucoup, énormément d'argent. (...) Les conjurés firent part à Louise de leur intention de trouver de l'argent où il y en avait : dans les poches et coffres-forts de prochains plus fortunés. « Ça m'est égal, dit-elle, volez, cambriolez, pourvu qu'on sauve Dreyfus. Puisque la justice a besoin qu'on agisse ainsi pour être la justice, eh bien ! volons et cambriolons. »

Il n'est pas impossible que Louise ait refusé de faire campagne pour Dreyfus *aux côtés des bourgeois*, mais qu'elle ait rêvé d'un coup d'éclat pour délivrer une *victime*, ce serait bien de son tempéramment...

En tout cas, elle s'engage résolument contre l'antisémitisme et écrit un poème qui paraît dans une brochure dirigée contre la propagande raciste de Drumont, intitulé *le Rêve*.

« Des vieux, des tout petits enfants
« Sous les couteaux tombant sans nombre,
« Qu'ont-ils fait ? dit-il. Ils sont juifs... »

Ce ne sont pas les Arabes qui sont responsables :

« Les maîtres, pour garder la terre,
« Ainsi déciment les troupeaux.
« Arabes et Juifs, O misère,
« Votre sang est pour les ruisseaux. »

Et ceux qui sont responsables des crimes, ce sont les rois de la finance, qu'ils soient

« De Rome, d'Israël, de France. »

Louise Michel, on le voit, a le *sens de classe.* Elle n'oublie pas de s'y référer dans ses analyses politiques et

Femme et enfants canaques.
Collection Lucien Scheler. Sirot.

quand elle ne se laisse pas aller à sa vision romantique et manichéiste des choses, elle ne se trompe pas.

Son antiracisme rejoint d'ailleurs un anticolonialisme qu'elle professe de longue date, et cela ne va pas sans mérite à une époque où le racisme et la croyance en la supériorité du « Blanc » qui « apporte la civilisation » aux gens de couleur sont monnaie courante, y compris dans le mouvement socialiste.

Lorsqu'elle est en Nouvelle-Calédonie, elle se sent tout de suite proche, aussi bien de la population canaque que des Algériens qui ont été déportés eux aussi. Tandis que ses camarades de France sont pour la plupart du côté des oppresseurs, elle prend délibérément parti pour les Canaques révoltés. Elle leur fait don de la moitié de son « écharpe rouge de la Commune » qu'elle avait conservée « à travers mille difficultés ».

Les Arabes déportés « pour s'être eux aussi soulevés contre l'oppression » ont toute sa sympathie. Elle les trouve « simples et bons et d'une grande justice ».

E. Girault raconte que lorsque l'insurrection canaque éclate, en 1878, « il n'y aura qu'un cri parmi les détenus politiques : « Qu'on les extermine ! » Louise Michel s'en indigne, s'emporte et dispute tous ses compagnons : « Comment, vous n'êtes pas avec eux, vous les victimes de la réaction, vous qui souffrez de l'oppression et de l'injustice ! Est-ce que ce ne sont point vos frères ! Eux aussi luttent pour leur indépendance, pour leur vie, pour leur liberté. Moi, je suis avec eux, comme j'étais avec le peuple de Paris révolté, écrasé et vaincu ! ».

Dans ses *Mémoires,* Louise Michel confirme : « ...ceux qui m'accusaient, au temps de la révolte, de leur souhaiter la conquête de leur liberté avaient raison. (...) Qu'on en finisse avec la supériorité qui ne se manifeste que par la destruction ! »

Après son retour de déportation, Louise Michel est de toutes les campagnes anticolonialistes. Elle proteste en 1881 contre l'expédition de Tunisie ; en 1886, contre la guerre faite à Madagascar et au Tonkin. Peu avant sa mort, elle effectue une tournée de conférences en Algérie, dont Ernest Girault, qui était du voyage, fait le récit. Son antiracisme et son esprit de solidarité à l'égard des opprimés y apparaissent à travers plusieurs anecdotes. Elle avait au plus haut degré, dit Girault, « le sentiment profond de la pitié et de la douceur, surtout vis-à-vis de ceux qu'une civilisation prétentieuse écrase insolemment ».

Deux phénomènes politiques importants marquent la fin du siècle : le boulangisme et les attentats anarchistes. Il est intéressant de savoir quelle fut l'attitude de Louise Michel à l'égard de l'un et de l'autre.

On a dit qu'elle fut « boulangiste ». C'est faux. Elle considérait le « brave général » comme un traîneur de sabre, qui, de surcroît, avait fait ses premières armes contre les Communards. Mais, au moment où divers scandales financiers éclaboussent le personnel politique de la troi-

Louise Michel à la gare Saint-Lazare en octobre 1880, à son retour de Nouvelle-Calédonie, accueillie par Rochefort, Clemenceau et Louis Blanc.
Photo H.R. Viollet.

Le général Boulanger, 1888.
Bibl. Nat. Paris. Photo H.R. Viollet.

sième République, (notamment ceux où apparaît le nom de Wilson, gendre de Grévy, qui devra démissionner pour être remplacé par Sadi Carnot à la présidence de la République), Louise Michel prend part, comme l'attestent les journaux de l'époque (novembre 1887) à plusieurs manifestations antigouvernementales où se mêlaient bonapartistes, monarchistes, partisans de Boulanger (dont Rochefort) et anarchistes qui imaginent pouvoir profiter du chambardement qu'ils escomptent pour établir leur régime. Clovis Hugues, qui écrira un poème dédié à la gloire de Louise Michel et figure parmi les dirigeants anarchistes alors en vue, faisait partie du « Comité des députés boulangistes » que présidaient Naquet et Laguerre.

Louise est sollicitée de toutes parts. Les uns la voudraient boulangiste, les autre antiboulangiste. Elle finit par mettre les choses au point dans une déclaration au *Cri du Peuple :* « Il est inutile que des imbéciles ou des mouchards se dérangent davantage pour connaître ma pensée sur les événements présents. La voici. Ce n'est pas au moment où, sur la terre, germe la révolte — c'est-à-dire la justice — que je prendrai part à des luttes de groupes, où des camarades pourraient réciproquement se jeter mon cadavre pour la grande joie de l'ennemi commun. J'ai à jeter ma vie à la face du vieux monde pour l'internationale du genre humain. »

En tout cas, Louise Michel se défendra toujours d'avoir été en relation avec le général Boulanger et les siens. Elle traite tous les bruits qui courent à ce sujet de « racontar odieux s'il n'était idiot ». Et il n'y a aucune raison pour ne pas la croire.

Pour ce qui est des attentats anarchistes, les choses sont plus compliquées. Depuis que les anarchistes se sont, en fait, séparés du mouvement socialiste (au congrès régional du Centre qui s'est tenu à Paris le 22 novembre 1881), ils préconisent « la propagande par le fait ». Sous des rubriques intitulées « Études scientifiques » ou « Produits antibourgeois », les journaux anarchistes tel le *Drapeau noir, l'Affamé, la Lutte sociale,* expliquent à leurs lecteurs comment fabriquer des bombes pour « faire la révolution ». Cet enseignement d'un genre particulier ne rencontre guère de succès. Les attentats sont extrêmement rares. A partir de 1887-1888, cette propagande, qui finit même par être dénoncée comme inefficace, cesse. C'est pourtant de 1892 à 1894 que naît et se développe en France une véritable épidémie terroriste.

En 1887, Duval, en 1889, Pini, défrayent la chronique en s'affirmant — dans les faits — partisans de la « reprise individuelle », du droit au vol. Ils furent condamnés, le premier à mort (il s'évade du bagne), le second à vingt ans de travaux forcés. Sébastien Faure, Élisée Reclus et son neveu Paul, prirent leur défense et justifièrent le vol. (« Dans notre société actuelle, le vol et le travail ne sont pas d'essence différente », affirmait Paul Reclus.) La bande

Jacob pratique de même le vol sur une grande échelle de 1900 à 1905, au nom de l'anarchie.

L'action violente proprement dite commence avec l'affaire de Clichy. Des anarchistes qui revenaient d'une manifestation du 1ᵉʳ mai avaient tiré sur des agents qui ripostèrent. Trois des personnes arrêtées, Decamp, Dardare et Léveillé passèrent en Cour d'assises le 28 août 1891 et furent lourdement condamnés.

Le 11 mars 1892, Ravachol (déjà recherché pour assassinat suivi de vol), de son vrai nom Koeningstein (Ravachol est le nom de sa mère) tente de tuer le président Benoit en faisant sauter l'immeuble du boulevard Saint-Germain où habite ce magistrat. Celui-ci s'en sort indemne, mais les dégâts matériels sont considérables. Le 27 mars, même type d'opération contre la maison du substitut Bulot, rue de Clichy : sept blessés. Ravachol est arrêté le 30 mars et comparaît en cour d'assises le 26 avril. La veille, le restaurant Very avait sauté : deux morts. Ravachol est condamné aux travaux forcés à perpétuité. Deux mois plus tard, la cour d'assises de la Loire le condamne à la peine capitale pour l'assassinat, le 18 juin 1891, d'un vieil ermite de Chambles, près de Saint-Étienne, pour quatre autres meurtres près de Saint-Chamond (une rentière et ses domestiques en 1886) et à Saint-Étienne (deux femmes, en 1891). Il nie les faits.

Parmi les hauts faits anarchistes de l'époque, on peut citer encore, entre autres, celui de Vaillant, qui lance une bombe au Palais Bourbon (9 décembre 1893) ; le meurtre par le cordonnier Léauthier du ministre de Serbie à Paris (13 novembre 1893) ; la bombe de Henry au café Terminus, près de la gare Saint-Lazare (12 février 1894) ; l'explosion à l'église de la Madeline qui tua son auteur, le Belge Pauwels (15 mars 1894) ; la bombe du restaurant Foyot (14 avril 1894), qui blessa le poète Laurent Tailhade (qui avait déclaré après l'attentat de Vaillant : « Qu'importent les victimes, si le geste est beau ! ») ; l'assassinat du président de la République Sadi Carnot (24 juin 1894), par Santo-Geronimo Caserio.

Nous verrons plus loin que le gouvernement et sa police n'étaient pas étrangers à ces actes de violences. Ceux-ci permirent le vote, en quelques heures, des « lois scélérates » qui furent utilisées par la suite plus contre les socialistes que contre les anarchistes...

Quelle est l'attitude de Louise Michel face à ces événements ! Il faut rappeler que la violence en soi ne l'effraie pas et qu'elle jugea parfois nécessaire le « tyranicide ». Nous savons qu'elle aurait vu d'un bon œil l'assassinat de Napoléon III. Pendant la Commune, elle envisage de tuer Thiers et seule l'influence de Ferré et Rigault l'en empêche.

Elle écrit : « Pressentant l'œuvre de ce bourgeois au cœur de tigre, je pensais qu'en allant tuer M. Thiers, à l'Assemblée, la terreur qui en résulterait arrêterait la réaction.

« Combien je me suis reproché, aux jours de la défaite,

L'arrestation de Ravachol.
Photo H.R. Viollet.

L'attentat de la rue des Bons-Enfants
à Paris en 1892.
Dessin de H. Meyer.
Photo H.R. Viollet.

d'avoir demandé conseil ; nos deux vies eussent évité l'égorgement de Paris.

« Je confiai mon projet à Ferré qui me rappela combien la mort de Lecomte et Clément Thomas avait en province, et même à Paris, servi de prétexte d'épouvante, presque même à un désaveu de la foule ; peut-être, dit-il, celle-là arrêterait le mouvement.

« Je ne le croyais pas et peu m'importait le désaveu si c'était utile à la Révolution, mais cependant il pouvait avoir raison.

« Rigault fut de son avis. — D'ailleurs, ajoutèrent-ils, vous ne parviendrez pas à Versailles. »

C'est à la suite de ces conversations qu'elle décide de prouver qu'il est possible d'aller à Versailles où elle arrive effectivement sans encombre.

Les circonstances des années 1890 ne sont cependant plus les mêmes et Louise n'a, semble-t-il, pris aucune part directe aux attentats anarchistes de la fin du siècle. Le 18 mars 1895, elle affirme devant six mille personnes au Milton Hall de Londres : « Des gens s'imaginent que je voudrais que l'on tuât les bourgeois ! Mais même si on les exterminait, on n'en n'aurait pas exterminé la bête humaine. Celle-là, c'est notre plus grande ennemie. » Elle est même assez lucide, par moments, pour se demander si les attentats ne sont pas télécommandés par la police. « Je trouve que la dynamite est bien complaisante, déclare-t-elle en 1892. Elle explose toujours pendant que les magistrats qu'elle vise sont absents. » Et à propos de Ravachol : « Je ne sais pas si ce que l'on dit sur lui n'est pas une légende créée par la police pour rendre responsable l'anarchie. Le but, c'est d'ameuter Paris contre les anarchistes, d'employer la peur, comme on l'a employée après la Commune. » Mais, près de deux ans plus tard, elle affirme que Ravachol est le « héros de la légende moderne » et, après l'attentat de Vaillant, elle approuve « hautement » son geste :

« Oh ! je l'approuve hautement, complètement ! Mais comprenez bien pourquoi. Nous avons déjà vu de nombreuses révoltes du peuple qui voulait obtenir des réformes urgentes. Qu'est-il arrivé ? C'est qu'on a fusillé le peuple. Eh bien ! nous trouvons nous que le peuple a été saigné et nous nous considérerions comme de grands coupables, de grands criminels si nous le lancions dans une nouvelle révolte dont le résultat, pour lui, serait une nouvelle saignée. Nous ne voulons pas commettre de crime. Il vaut mieux que des gens de cœur se sacrifient et commettent à leur propre risque des actes de violence qui terrorisent le gouvernement et les bourgeois.

— Et les malheureuses victimes innocentes ?

« Qu'est-ce, en comparaison de la grandeur du but que nous nous proposons ? Mettez dans la balance, d'un côté le sacrifice volontaire de la vie par quelques-uns des nôtres et le fait de quelques autres existences perdues et, dans l'autre plateau, le bonheur de l'humanité, la fin de ces misères, de ces guerres qui font mille fois plus de victimes que quelques explosions... Et puis, quel autre moyen employer pour changer l'état des choses? Il n'y en a pas. »

Toujours l'idée du sacrifice suprême, de la mort. Mais comment ne pas croire à la sincérité de Louise? « Éprise d'héroïsme, Louise Michel ne songe pas un instant à douter de la valeur de ces actes terroristes comme instrument de la transformation sociale, écrit Irma Boyer ; elle croit à l'efficacité du martyre pour le rayonnement d'une idée et (..) généreusement, n'aurait jamais voulu désavouer celui qui s'était sacrifié pour sa foi et l'empêcher de mourir dans son rêve. »

Il faut d'ailleurs noter que durant toute la période des violences, Louise Michel vit à Londres où le prince anarchiste Kropotkine exerce sur elle une influence considérable. Elle s'est amourachée alors des nihilistes russes dont le romantisme, l'esprit de sacrifice, enthousiasment son cœur. Vers la fin de sa vie, lorsque éclatera la Révolution de 1905 en Russie, elle y verra la confirmation de ses espoirs.

« Ici, voyez-vous, Girault, dira-t-elle à son compagnon des derniers jours, ce sont des ânes ; ils ne comprennent pas ; l'histoire semble les dépasser. Mais regardez là-bas, en Russie, voyez comme c'est beau! Vous verrez : au pays de Gorki et de Kropotkine, se passeront des événements grandioses. Je la sens monter, la révolution qui balaiera le tsar, et tous ces grands ducs, et la bureaucratie slave, et qui bouleversera cette immense *Maison des Morts.* Ce qui sera le plus étonnant, c'est qu'à Moscou, à Petersbourg, à Cronstadt, à Sébastopol, les soldats seront avec le peuple. Cet officier qui a fait mettre la crosse en l'air à sa compagnie, il en aura des imitateurs, vous pouvez en être sûr. On l'a tué n'est-ce pas? Eh bien! ce sera lui le plus vivant, tout le temps que durera la grande révolte slave! »

Les choses n'étaient pas mûres et le tsar ne fut pas balayé. Il faudra que vienne un Lénine et ses idées claires pour que se réalisent, quand le temps sera venu, les « événements grandioses ». Mais cela, Louise ne le verra pas.

Ouvriers en grève
à Saint-Pétersbourg
en février 1905.
Photo H.R. Viollet.

Départ d'un convoi de femmes
pour la Nouvelle-Calédonie
Dessin de G. Julien.
Photo H.R. Viollet.

Page de droite :
Vue de la presqu'île Ducos
en Nouvelle-Calédonie,
lieu de déportation
de Louise Michel.

De gauche à droite :
Nathalie Lemel, Paule Mink et Marie Leroy...
furent parmi les plus militantes du mouvement féministe
sous la Commune.

Un camp de déportés en Nouvelle-Calédonie.
Collection Jean Boisseau.

131

La fanfare des déportés en Nouvelle-Calédonie.
Photo H.R. Viollet.

Louise Michel enseignant en Nouvelle-Calédonie.

Guerriers canaques.

133

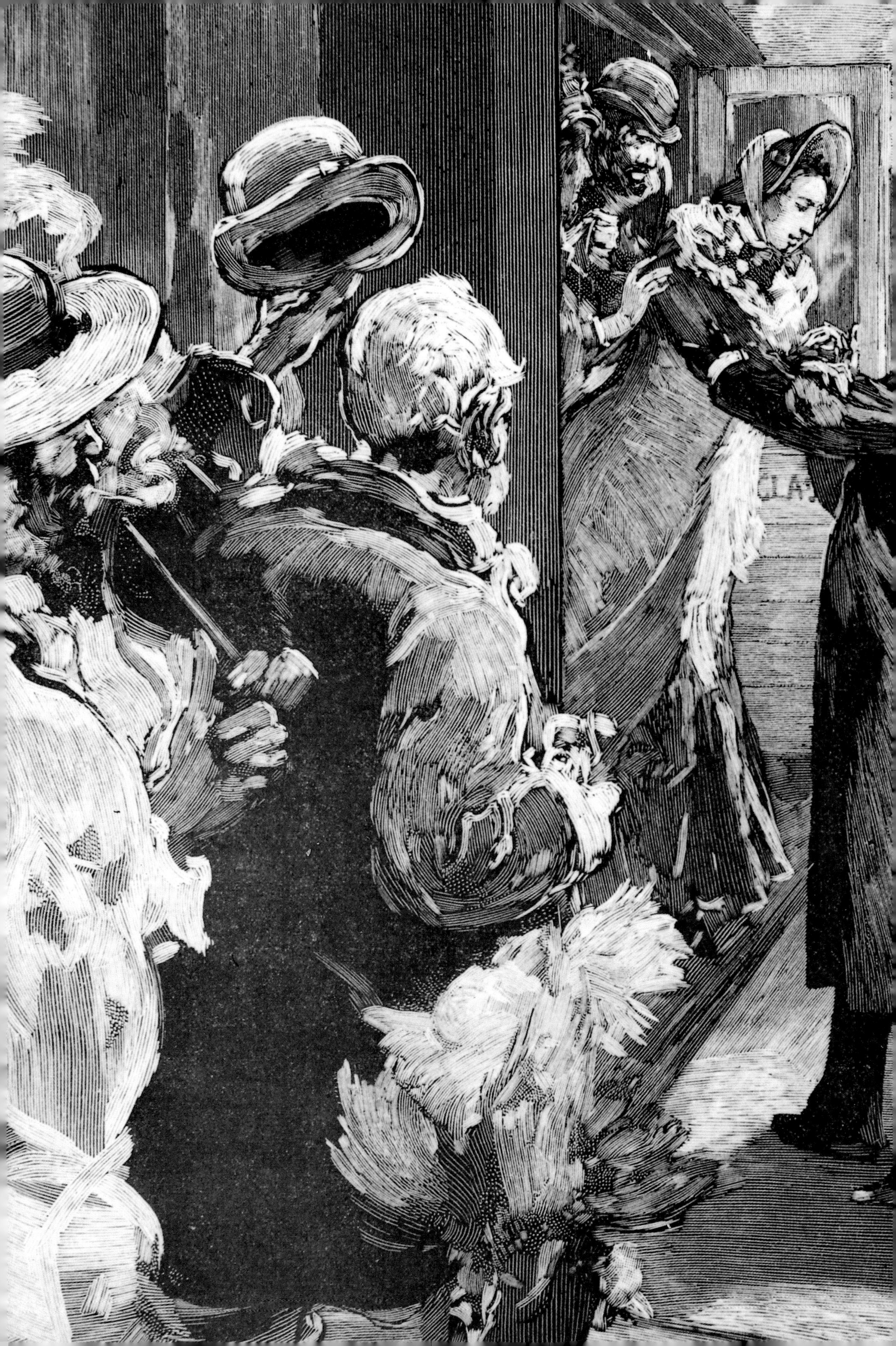

Ils étaient venus nombreux, les amis de Louise,
pour l'accueillir à son retour de déportation. Édimédia.

136

L. Michel

premier feuillet manuscrit de Louise Michel

La Commune

5 parties

1er partie L'agonie de l'empire
2e partie La république du 4 septembre
3eme partie La commune de Paris
4em partie L'hécatombe
5em partie Depuis (Déportation retour &

1er partie
~~L'agonie de l'empire~~
avant propos

*Nous reviendrons foule sans nombre
Nous viendrons par tous les chemins
Spectres vengeurs sortant de l'ombre
Nous viendrons nous serrant les mains*

*Sa mort portera la bannière
Un drapeau ~~au~~ frange de sang
Et pour ~~refleurira~~ la terre
~~Libre~~ sous le ciel flamboyant*
(L.m. La Chanson de mai)

La commune à l'heure actuelle est au point pour l'histoire

Les faits à cette distance de vingt cinq années se groupent, se dessinent sous leurs véritables proportions

Dans les lointains de l'horizon les évènements s'amoncellent de la même manière ~~que~~ avec cette différence, qu'alors c'était surtout la France qui s'éveillait et qu'aujourd'hui c'est le monde

---

Manuscrit original du premier plan de Louise Michel
pour son livre « La Commune » Musée de Saint-Denis.

En haut à gauche.
Bagarres avec la police à la sortie d'une réunion anarchiste, 1884.
Dessin de H. Meyer. Photo H.R. Viollet.

En bas à gauche.
Attentat de Ravachol contre le restaurant Véry,
Bld Magenta à Paris en 1892. Photo H.R. Viollet.

A droite.
Portrait de Louise Michel.
Bibliothèque Marguerite-Durand.

L'INTUITION
DES GRANDES
CERTITUDES

LOUISE MICHEL LA PASSION

Si l'on voulait mesurer l'importance de Louise Michel dans le combat révolutionnnaire de son temps, on pourrait le faire à l'aube des persécutions policières qui ont marqué sa vie.

Les archives de la police sont pleines des dossiers consacrés à ses moindres faits et gestes après son retour de déportation. Des nuées de mouchards ont passé des milliers d'heures de « travail » à la suivre, à l'espionner, à interroger ses proches, ses concierges, le personnel des hôtels où elle descendait. Une collaboration étroite a uni les policiers de France, de Belgique, de Hollande, de Suisse, de Grande-Bretagne au service de l'Internationale des bien-pensants. Rarement personnage politique aura donné lieu à autant de rapports, de surveillance et, fait notable, de provocations.

Il faut, à ce propos, relire ce qu'écrivit l'ancien préfet de police Louis Andrieux, qui n'en dit pas plus qu'il ne lui convient, mais assez pour que l'on comprenne, et notamment en ce qui concerne Louise Michel, dont le nom « revient souvent dans les rapports de mes agents » :

« *Le fonds des reptiles. Les collaborateurs inconscients du préfet de police.*

« On sait que les auteurs des crimes politiques, quand ils restent inconnus, sont toujours des agents provocateurs et que c'est toujours la police qui a commencé. Les publicis-

La Tour Eiffel en construction pour l'exposition universelle de 1889. Photos H.R. Viollet.

tes "d'avant-garde" ont cru trouver la justification de leur thèse favorite dans le récit suivant que je n'hésite pas à reproduire, pour que le lecteur de bonne foi ne confonde pas, avec un nid de frelons, une souricière établie dans l'intérêt de la sécurité publique.

« Les socialistes révolutionnaires et les anarchistes ne se bornaient plus à des déclarations dans les réunions publiques. La dynamite des nihilistes les empêchait de dormir ; ils se proposaient de faire entendre la grande voix des explosions.

« Il était question de faire sauter le Palais-Bourbon ; Gambetta en avait été avisé, et quelques précautions avaient été prises. Les attentats commis en Russie ne nous permettaient pas de dédaigner comme invraisemblables les renseignements de police qui nous dénonçaient ce complot.

« Mais en même temps qu'ils se proposaient d'étonner le monde par la destruction de mes honorables collègues, les anarchistes voulaient avoir un journal pour propager la bonne parole.

« Si j'ai combattu leur projet de "propagande par le fait", j'ai du moins favorisé la divulgation de leurs doctrines par la voie de la presse, et je n'ai pas de raisons pour me soustraire à leur reconnaissance.

« Les compagnons cherchaient un bailleur de fonds ; mais l'infâme capital ne mettait aucun empressement à répondre à leur appel.

L'anarchiste Émile Henry :
il lança une bombe au café Terminus,
en 1894, et fut exécuté
la même année.
Photo H.R. Viollet.

« Je poussai par les épaules l'infâme capital, et je parvins à le persuader qu'il était de son intérêt de favoriser la publication d'un journal anarchiste.

« On ne supprime pas les doctrines en les empêchant de se produire, et celles dont il s'agit ne gagnent pas à être connues.

« Donner un journal aux anarchistes, c'était placer un téléphone entre la salle des conspirations et le cabinet du préfet de police.

« On n'a pas de secret pour un bailleur de fonds, et j'allais connaître, jour par jour, les plus mystérieux desseins. Le Palais-Bourbon serait sauvé ; les représentants du peuple pourraient délibérer en paix.

« Ne croyez pas, d'ailleurs, que j'offris brutalement les encouragements du préfet de police.

« J'envoyai un bourgeois, bien vêtu, trouver un des plus actifs et des plus intelligents d'entre eux. Mon agent expliqua qu'ayant acquis quelque fortune dans le commerce de la droguerie, il désirait consacrer une partie de ses revenus à favoriser la propagande anarchiste.

« Ce bourgeois qui voulait être mangé n'inspira aucune suspicion aux compagnons. Par ses mains, je déposai un cautionnement dans les caisses de l'État, et le journal la Révolution sociale fit son apparition.

« C'était un journal hebdomadaire, ma générosité n'allant pas jusqu'à faire les frais d'un journal quotidien.

Mlle Louise Michel était l'étoile de ma rédaction. Je n'ai pas besoin de dire que " la grande citoyenne " était inconsciente du rôle que je lui faisais jouer, et je n'avoue pas sans quelque confusion le piège que j'avais tendu à l'innocence de quelques compagnons des deux sexes.

« Tous les jours, autour d'une table de rédaction, se réunissaient les représentants les plus autorisés du parti de l'action ; on dépouillait en commun la correspondance internationale ; on délibérait sur les mesures à prendre pour en finir avec " l'exploitation de l'homme par l'homme " ; on se communiquait les recettes que la science met au service de la révolution.

« J'étais toujours représenté dans les conseils, et je donnais au besoin mon avis qui, plus d'une fois, remplit l'office de paratonnerre.

« Les compagnons avaient décidé, en principe, que le Palais-Bourbon devait sauter. Mais les hommes qui mettent leurs actes d'accord avec leurs principes se font de plus en plus rares, et personne ne se proposait pour porter les cartouches de dynamite dans les caves du palais législatif.

« Dame ! L'aventure n'était pas sans péril ; on veut bien préparer un meilleur avenir social ; mais on veut en profiter. Être à la bataille, c'est très bien ; être au partage du butin, c'est mieux.

« On délibéra sur la question de savoir s'il ne conviendrait pas de commencer par quelque monument plus accessible, la Banque de France, le Palais de l'Élysée, la préfecture de police, le ministère de l'Intérieur furent tout à tour discutés, puis abandonnés en raison de la surveillance trop active dont ils sont l'objet, et dont mon représentant signalait le danger.

« La destruction d'une église semblait plus facile ; il fut aussi question du monument expiatoire, qui n'eût pas laissé beaucoup de regrets aux amis de l'art, et dont le pauvre Jules Roche, dans l'un de ses avatars, par une proposition de loi, avait demandé la suppression.

« Enfin, on convint que, pour se faire la main, on s'attaquerait d'abord — je vous le donne en mille — à la statue de M. Thiers, récemment inaugurée à Saint-Germain.

« Les compagnons partirent pour Saint-Germain, emportant l'infernale machine ; c'était une boîte à sardines, remplie de fulmicoton et soigneusement enveloppée dans un mouchoir.

« Je connaissais ce complot plein d'horreur ; je savais l'heure du départ pour Saint-Germain ; je connaissais l'heure du crime projeté.

« Qu'allais-je faire ?

« Il fallait que l'acte fut consommé pour que la répression fut possible.

« Je n'hésitai point à sacrifier le libérateur du territoire pour sauver le Palais-Bourbon.

« Quand la nuit fut venue, les compagnons se glissèrent dans l'ombre à travers les arbres séculaires ; ils suivirent la rue de la République jusqu'à la rue de Poissy, où, sur une petite place, s'élève la statue, plus grande et plus lourde que nature.

« La pâle lueur de la lune éclairait le visage du vieillard de bronze qui regardait d'un air narquois les conspirateurs.

« L'un d'eux hissa la boîte à sardines sur le socle de la statue, entre les pieds du fauteuil où M. Thiers assis déploie sur sa cuisse gauche quelque chose qui doit être une carte de géographie.

L'anarchiste Vaillant.
Bibl. Nat. Paris.
Photo H.R. Viollet.

« Une longue mèche pendait le long du piédestal. L'un des compagnons y mit le feu, tandis que ses camarades parsemaient le sol de proclamations révolutionnaires ; puis, quand le feu commença à monter lentement le long de la mèche, les compagnons s'enfuirent à toutes jambes, jusqu'au bas de la colline ; et, continuant leur course à travers la plaine, ils escaladèrent les barrières du chemin de fer.

« Quand ils rentrèrent à Paris, ils attendirent avec impatience les nouvelles de Saint-Germain. Ils n'avaient pas assisté au spectacle des ruines qu'ils avaient faites ; ils n'en savaient pas l'étendue.

« Quelle ne fut pas leur déception, lorsqu'ils apprirent qu'ils avaient tout au plus réussi à réveiller quelques paisibles habitants de la silencieuse cité de Saint-Germain.

« La statue était intacte ; le fulmicoton n'avait pas mordu sur le bronze ; une large tache noire était la seule trace de l'attentat.

« Je connaissais le nom des conspirateurs ; j'avais

voyagé avec eux, du moins par procuration, j'avais tout vu, tout entendu ; l'occasion me paraissait bonne pour mettre la main ou le pied sur ce nid de dynamiteurs. J'examinai la question de droit. J'ouvris mon code pénal ; la disposition applicable devait être celle de l'article 257 : " Quiconque aura détruit, abattu, mutilé ou dégradé des monuments, statues ou autres objets destinés à l'utilité ou à la décoration publique ou avec son autorisation, sera puni d'un emprisonnement d'un mois à deux ans et d'une amende de 100 francs à 500 francs."

« Les compagnons n'avaient ni détruit ni dégradé le libérateur du territoire, " destiné à la décoration publique " ; ils s'étaient bornés à faire une tache sous son fauteuil et j'avais beau relire l'article 257, ce cas n'était pas prévu par le Code pénal.

« — Il y avait du moins la tentative, me direz-vous.

« Oui, mais le maximum de la peine n'étant que de deux ans d'emprisonnement, nous étions en matière correctionnelle et la tentative n'était punissable que si la loi l'eût dit formellement.

« Les compagnons ne pouvaient être inquiétés ; tout au plus aurais-je pu les faire condamner à 15 francs d'amende pour tapage nocturne.

« J'estimai qu'il était préférable de ne pas leur montrer l'œil de la police et de continuer à les surveiller jusqu'au moment où il conviendrait d'abaisser la trappe de la souricière.

« Mais cet avortement du grand complot amollit les courages ; les tentatives ne furent pas renouvelées. »

C'est dans la période au cours de laquelle elle écrit ses *Mémoires* (donc avant 1886) que Louise Michel apprend la machination dont elle a été l'objet de la part du préfet de police. « ...Je me suis seulement aperçue ce matin, écrit-elle, d'une petite manœuvre consistant, lorsque certains articles (qu'elle donnait à *la Révolution sociale*) attaquaient spécialement des personnalités au lieu des idées (ce qui est complètement opposé à ma manière de voir) *à mettre en épigraphe des paroles de moi découpées* assez adroitement pour que certaines gens m'attribuent le reste.

« Le résultat en fut des haines personnelles, dont le déchaînement contribua à la condamnation qui me sépara de ma mère et la fit, pendant deux ans, agoniser loin de moi, reprenant vie à chaque extraction, jusqu'au moment où il fallut lui avouer qu'au lieu d'un an j'avais été condamnée à six ans ; qu'au lieu d'être près d'elle à Saint-Lazare, j'étais à Clermont. (...)

« Je reviens à *la Révolution sociale*. J'ai souvent protesté, dans le journal même, contre des choses que je trouvais peu intelligentes, les croyant d'autant moins policières qu'il y avait plus d'accusations *anonymes* contre le fondateur du journal, M. Serraux (...). (c'est le nom de l'agent du préfet — P.D.) Je connaissais le programme de *la Révolution sociale* (...) Qui aurait pu penser à voir M. Andrieux

Intérieur d'un café à la fin du siècle.
Édimédia.

dans le comité de rédaction ! (...) Le vent soufflait en foudre et je songeais à la charge sonnant sous la terre, quand M. Serraux m'offrit de collaborer à *la Révolution sociale*. J'aurais été capable de l'offrir moi-même ; j'avoue aussi que j'eus grande confiance en M. Serraux, et qu'il n'y a pas bien longtemps que je suis sûre du guet-apens. »

Louise donne ensuite un exemple des falsifications dont elle fut la victime. Elle avait intitulé un entrefilet de *la Révolution sociale :* « A M. Andrieux ». L'article parut sous le titre : « Silence à l'infâme ». Elle fait également mention du projet qu'elle avait eu d'un article écrit « dans l'intention de faire sauter le journal par une condamnation » et que

Obsèques du Président Carnot assassiné par un anarchiste italien en 1894.
Photo H.R. Viollet.

M. Serraux n'inséra pas: « Je comprends qu'on ne l'ait pas voulu: qui diable pouvait se douter que le préfet de police était là-dedans? »

C'est ainsi que Louise Michel, dans son infinie pureté, est d'une naïveté parfois peu croyable. Les procédés de Louis Andrieux n'arrivent pas eux-mêmes à la convaincre de la nocivité des manœuvres policières. « M. Andrieux a eu la bête idée, pour nous démolir, de fonder un journal qui le démolissait lui-même avec tout le reste. C'est une étrange chose pour un homme intelligent que cette façon de combattre. »

Elle écrit à Jules Guesde: « Serraux est encore pour moi plutôt un malheureux, dont le cerveau est encore paralysé, et qui, par conséquent, a pu faire plus de folies que de mouchardises. Les eût-il faites, nous n'en répondons pas. »

La manifestation des Invalides au cours de laquelle seront pillées des boulangeries, ce qui vaudra à Louise Michel la lourde condamnation que l'on sait, fut, de toute évidence, télécommandée par la police. Les guesdistes avaient refusé d'y prendre part tant ils se doutaient de la manœuvre. A lire la presse gouvernementale qui, tout à coup, s'était sentie prise d'une sympathie immodérée pour les chômeurs, Louise aurait pu se méfier. *Le Gaulois,* fort réactionnaire, écrivait, par exemple: « Voilà dix ans que les ouvriers attendent des réformes sociales de la République... Il est bon que de temps en temps, les travailleurs présentent leurs créances. »

Au début, la manifestation, se déroule dans le calme. Il y a là quelque 15 000 travailleurs. Tout à coup, la police charge et Louise Michel se trouve repoussée avec un petit groupe d'hommes vers l'avenue de la Motte-Picquet. *Quelqu'un* lui tend un chiffon noir qu'elle brandit devant une boulangerie; *quelqu'un crie:* « Du travail et du pain! » Louise dit: « Si vous avez faim, prenez-en, mais ne faites pas de mal aux boulangers. » D'autres manifestants sont allés vers le faubourg Saint-Honoré. « On a vu (...) un grand garçon bien vêtu qui, soit par conviction, soit pour s'amuser, se mêlait aux groupes anarchistes et leur disait: Allez donc à « l'Élysée! ».

Bref, les bourgeois prennent peur: boulangeries pillées et marche sur l'Élysée ne peuvent être que le prélude du grand soir. Le gouvernement va pouvoir sévir et trouver dans le peuple un soutien qui commençait à lui faire cruellement défaut. Louise, évidemment, ne voit pas les choses sous ce jour.

La provocation va la chercher jusqu'en Angleterre. Dans *Souvenirs et aventures de ma vie,* elle raconte comment un agent français l'avait dénoncée à la police britannique pour émission de fausse monnaie. Les enquêteurs se présentent à son domicile. Sans méfiance, Louise les laisse perquisitionner à leur guise. Stupéfaite, elle les voit « découvrir » dans la cave tout un matériel de faux-monnayeur. Son cas serait pendable si on ne trouvait sur

Jean Jaurès en 1885, lorsqu'il était député du Tarn.
Photo H.R. Viollet.

les lieux la facture du commerçant ayant vendu ces divers instruments, adressée à un citoyen qui s'avère être un policier. Comme on est en Angleterre, celui-ci est condamné à six mois de prison pour « dénonciation calomnieuse ».

Une autre fois, la police, mystérieusement prévenue, découvre une bombe dans les sous-sols de l'école internationale que Louise avait ouverte à Londres. « Je rentrai à East Dulivich toute troublée, écrit-elle. Il n'y a rien de terrible comme de sentir autour de soi des ennemis sans parvenir à deviner qui ils sont, dans quel but ils agissent. A partir de ce jour, je promis de me tenir sur mes gardes, de me méfier des gens suspects. Mais ceci fut une simple résolution. Mon caractère est ainsi fait, je n'ai jamais pu vivre dans une atmosphère de méfiance. »

Défiante, Louise ne l'était certainement pas. E. Girault raconte que la fameuse « école internationale » destinée à éduquer les enfants des réfugiés et proscrits politiques de Londres avait été fondée sur les conseils d'un policier dénommé Coulon. « C'était évidemment le meilleur moyen de connaître et de surveiller les parents. Louise Michel fut bien loin de se douter de l'œuvre policière : ce qu'elle avait déjà réalisé à Nouméa, elle allait le réentreprendre à Londres. Un seul mobile l'impulsait : instruire et développer les enfants de camarades était une bonne action ; elle accorda de suite son concours.

« Et puis voilà qu'un jour surgit une affaire de bombe. Coulon en est l'agent provocateur ; il dénonce les conjurés et peu s'en faut que sa collaboratrice imprudente et confiante ne soit compromise et ne subisse le sort de Batola, Caille et Charles, qui furent condamnés à dix ans de *hard labour*. Bien entendu, l'école sombra. Eh bien ! Louise ne voulut pas croire à la canaillerie de Coulon ; elle ne fut convaincue de son ignoble conduite que quelque temps après, lorsque des amis lui montrèrent vingt preuves qu'il était affilié à la police internationale. C'est que, comme je l'ai déjà dit, elle avait l'amitié tenace. »

Le même mémorialiste cite un autre fait. Un jour, l'une des amies qui accompagnaient Louise au cours de ses déplacements, trouve un paquet sur la table de sa chambre.

— Qu'est-ce que cela ? lui demande-t-elle.
— Je n'en sais trop rien, répond Louise ; des camarades sont venus me demander de garder ce paquet pendant quelques jours ; vous pensez bien que je n'allais pas refuser de leur rendre ce service.
— Quels sont ces camarades ? Vous les connaissez ?
— Pas du tout, même de noms ; ils m'ont dit qu'ils étaient des « camarades » ; que vouliez-vous que je leur demande de plus ?

« On ouvre le paquet. Qu'y trouve-t-on ? Tout un attirail de faux-monnayeur, que Mlle Charlotte (l'amie de Louise, Charlotte Vauvelle-P.D.) s'empresse bien vite d'aller jeter dans les champs. Les " camarades " inconnus ne reviennent jamais chercher leur dépôt, mais, dès le lendemain, des

Explosion à la Chambre des députés ; attentat de Vaillant en décembre 1893. Gravure de Méaulle. Photo H.R. Viollet.

mouches de police rôdaient autour de la demeure de Louise, dévisageant quiconque entrait et sortait. »

Au lendemain de la mort de Louise Michel, son vieil ami Rochefort rappelle dans *l'Intransigeant* qu'elle fut sans cesse entourée de mouchards et de provocateurs dont fourmillaient les rangs de l'anarchie. Il l'avait maintes fois mise en garde. Elle avait eu cette réponse extraordinaire : « Je le sais, mais nous les aimons bien dans le parti, parce que ce sont eux qui font les motions les plus révolutionnaires. »

A son retour de Calédonie et dans les mois qui suivirent, Louise Michel avait été accueillie avec un enthousiasme certain par des foules ouvrières nombreuses, à Paris et en province. Mais elle connut aussi des réceptions moins amicales, parfois violentes et mettant sa vie en danger. Elle subissait l'outrage et la menace avec le plus grand calme, un sang-froid étonnant et presque une sorte d'indifférence.

A Versailles — pour elle de sinistre mémoire — où elle avait tenu à se rendre, elle faillit être lynchée par de jeunes bourgeois déchaînés. A Bruxelles, un pied de table violemment lancé l'atteignit au visage. En février 1886, la presse rapporte que la voiture qui la ramenait de Vincennes à Levallois avait versé boulevard des Batignolles. Un « inconnu » avait scié les rayons des roues du « sapin ».

En janvier 1888, c'est l'attentat du Havre. Le dénommé Pierre Lucas, chauffé par les propos que tiennent les gens de droite contre les socialistes en général et Louise Michel en particulier, l'atteint d'une balle de pistolet après avoir dessiné le signe de la croix derrière le dos de sa victime. « Ce n'est rien », dit Louise qui veille à ce que son agresseur ne soit pas étripé par l'assistance. Elle le considère comme une victime et choisira elle-même des avocats pour le défendre. Il fut acquitté.

En 1903, Louise est revenue en Bretagne où elle donne des conférences à Plémeur, Hennebont, Lorient, Nantes, Trelazé... A Lorient, on veut l'expulser de l'hôtel où elle souhaitait s'installer. « Avant de quitter l'hôtel, d'où la tenancière avait voulu nous expulser dès qu'elle sut qui nous étions, rapporte E. Girault, on nous servit une tasse de café. Ce dernier *contenait du poison*. Pressé par l'heure du départ et absorbé par le bouclage des valises, je n'eus pas le temps d'en boire et en fut donc nullement indisposé. Louise, qui n'en avait bu que quelques gorgées — en faisant la moue, car au goût, il lui sembla qu'il contenait de la chicorée, et elle détestait la chicorée — ressentit de violentes coliques et des vomissements. Quant à Mlle Charlotte, qui, elle, avait ingurgité toute la tasse, elle se trouva tellement malade que nous ne pensions pas la descendre vivante du train en arrivant à Nantes. »

« Ces gens-là, voyez-vous, Girault, ont voulu nous empoisonner parce qu'ils ne nous connaissent pas », dit Louise toujours magnanime à son compagnon.

Manuscrit original de Louise Michel demandant la grâce de Ferré.
Bibl. Marguerite Durand.

Copie de la lettre du
maison d'arrêt de Versailles 20 septembre 1871
Aux membres de la commission des grâces

Messieurs

Lorsqu'à l'anniversaire du 4 septembre, il y eut des condamnations à mort je vous ai dit : moi aussi républicaine, j'ai droit à la mort et je viens la réclamer car je n'en veux pas voir davantage.

Je vous ai crié depuis : non la commune n'est pas coupable et la tête de Ferré serait le défi auquel répondrait la révolution.

Aujourd'hui, j'apprends, à la fois le rejet des pourvois, la mort de la mère de Ferré, l'emprisonnement de son père et de son frère. J'ai besoin d'ajouter à l'appui de mon serment que la commune n'a commis ni assassinats, ni incendies ni pillage, des preuves dont vous ne pouvez douter.

Quelques jours avant la victoire des armées de Versailles, sentant que tout croulait autour de nous, que la trahison nous prenait dans ses nœuds et écoutant à mon tour les agents provocateurs après avoir lutté contre eux, les entendant accuser la commune de complicité avec Versailles, d'un lâche abandon envers Blanqui mort ou mourant dans les tortures, de ne pas venger les prisonniers égorgés, les ambulancières insultées et tuées j'allai trouver l'un des délégués de Montmartre (Ferré) et je lui dis avec tout le désespoir

A Nantes, un groupe d'hommes se fait menaçant comme Louise et Girault regagnent, de nuit, leur hôtel. Elle les désarme par son calme et quelques paroles aimables. Girault ajoute: « Au cours de ces conférences, dans certaines villes, nous fûmes reçus par des crachats, on brisa les vitres de notre voiture, on tenta de nous jeter par-dessus les ponts, et les pierres sifflaient à nos oreilles. Rien n'y fit; jamais rien ne décourageait Louise. »

Girault mentionne une autre tentative d'empoisonnement, à Nîmes, cette fois. Il affirme également que « sur la ligne de Mèze à Pézenas, on essaya de faire dérailler le train où elle se trouvait, afin qu'elle n'arrivât pas pour la conférence du soir même. Elle eut une réflexion charmante: « Je suis bien contente de voir qu'ils apprennent à faire dérailler les trains: le jour de la révolution, ils nous aideront. »

Louise Michel a connu une première arrestation en décembre 1870. Puis c'est la prison de Versailles, la Centrale d'Auberive, la déportation. Neuf années se sont passées dans les bagnes. C'est beaucoup. Après l'amnistie de 1880, elle va connaître à nouveau des incarcérations successives à Saint-Lazare, Clermont-de-l'Oise, à Vienne: trente-neuf mois encore dans les cachots. Ce n'est pas rien.

« Que de prisons! ai-je dit quelque part dans ce récit, écrit-elle dans ses *Mémoires.* Oh! oui, que de prisons! du bastion 37 à la Nouvelle-Calédonie, en passant par Satory, les chantiers, La Rochelle, la Calédonie, Clermont, Saint-Lazare!... Quand paraîtra mon livre des prisons, les dix ans et toute la mer qui avaient déjà passé sur les premières pages seront suivis de bien d'autres choses. L'herbe aura poussé encore sur bien des cadavres inconnus. »

Car Louise veut écrire un « livre des prisons » qui s'appellera *le Livre du bagne.* Il ne verra jamais le jour. Ses *Mémoires,* de même que les *Souvenirs et aventures de ma vie* sont cependant pleins de souvenirs des geôles.

Qu'est-ce pour Louise que l'emprisonnement d'un être humain?

« La prison est semblable au désert. Avoir devant soi l'espace dont l'œil ne perçoit pas les limites ou être enfermé dans l'étroit espace où rien du dehors n'apparaît, la sensation est la même; c'est l'infini qui nous enveloppe. Tous les bruits de la vie, tous ses horizons bornés ont disparu; les deux gouffres du passé et de l'avenir se confondent. L'être s'y désapprend de l'existence ordinaire, la pensée seule étant active. »

Mais la prison, c'est aussi la peur, « l'inquiétude mortelle »: « Quand on change de prison, j'ai remarqué qu'il se produit toujours un phénomène bizarre. On est en proie à une inquiétude mortelle. Il semble que la captivité apparaît à ce moment plus terrifiante. Quand on a séjourné quelque temps dans une geôle, on s'habitue à la solitude et l'on trompe les heures en comptant les jours qui restent encore à s'écouler. Mais la première nuit dans une cellule

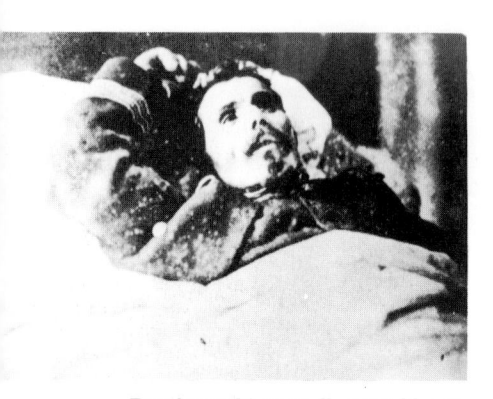

Dombrowski mortellement blessé.

a quelque chose d'affreux... On se dit : " C'est ici que je dois vivre. Tant de mois, tant d'années, séparée du reste des vivants... Et l'on a l'impression d'avoir été enterrée vivante... l'air vous manque... on étouffe... Il semble que les murs se resserrent peu à peu, que le plafond s'abaisse lentement. " »

Qui a connu la prison sait combien ces impressions sont ici justement rendues.

Pour l'ascète révolutionnaire qu'est Louise Michel, la prison est un lieu de méditation. Mais aussi de combat. Elle s'y dévoue au service de ses co-détenues — après 1880 il s'agit de prisonnières de droit commun — en qui elle ne voit que des victimes de la société. Elle leur donne tout ce qu'elle possède.

« Est-ce leur faute, à ces malheureuses, s'il n'y a place pour les unes que sur le trottoir ou à l'amphitéâtre ; pour d'autres, si elles ont pris pour vivre ou pour faire vivre leurs petits, pour la valeur de quelques sous, quand d'autres jettent pour leurs caprices des millions et des millions d'êtres vivants ? Tenez, je ne puis m'empêcher de parler de ces choses avec amertume ; tout s'appesantit sur les femmes. A Saint-Lazare, cet entrepôt général d'où elles repartent dans toutes les directions, même pour la liberté, on est bien placé pour les juger. Mais ce n'est pas en y passant quelques jours, c'est en y restant longtemps qu'on voit juste. On sent alors combien de cœurs généreux battent sous la honte qui les étouffe. »

Louise cite longuement des phrases échangées entre les co-détenues à la prison de Clermont où « en cellule, je ne voyais personne, mais j'entendais des bruits de conversation. » Et elle s'écrie : « Si les femmes des prisons font horreur, moi, c'est la société qui me dégoûte ! Qu'on ôte d'abord le cloaque. Quand la place sera nette, personne ne s'y enfoncera plus dans l'ordure. »

Curieuse de linguistique comme elle l'était déjà au temps où elle étudiait le parler des Canaques, elle se passionne pour l'argot qu'utilisent ses compagnes : « L'argot rouge, l'argot noir, l'argot blanc se mêlent pareils à des grouillements de monstres, où se trouveraient enlacées des formes charmantes, car l'argot est vivant, il fait image sanglante ou naïve. L'argot subit d'éternelles fluctuations, il a des remous rapides comme le destin de ceux qui s'en servent. L'argot blanc, c'est la tenue blanche des mots ; la plupart sont encore inconnus au néophyte, les circonstances les lui apprendront. L'argot rouge et l'argot noir sont goguenards dans leurs histoires de morgue. Il y a encore l'argot des filles. Celui-là, parfois, fleurit dans la boue des ruisseaux ou les pavés sanglants de la place de la Roquette. Il a des coquetteries, des grâces de mort. Dame ! Parmi ceux ou celles qui parlent argot, il se trouvait des cerveaux de génie, des artistes, des inventeurs, mais la vieille gueuse de société capitaliste les a pris à la gorge, les a terrassés, dépouillés, elle leur a arraché de la gorge leur génie pour en faire les brutes qui les représentent, les brutes qu'elle torture quand ils sont en bas. »

Flourens, l'un des dirigeants militaires de la Commune tué au combat en avril 1871. Photo Nadar. Bibl. Nat. Paris. Édimédia.

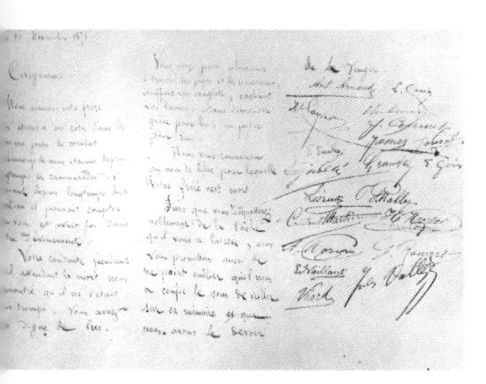

Lettre collective écrite de Londres par les Communards exilés, à la sœur de Théophile Ferré.

Sa bonté — on l'appelle « la bonne Louise » — est légendaire dans les prisons. Elle apprivoise les plus dures des dures emprisonnées avec elle. Elle raconte elle-même comment à Saint-Lazare la dénommée Clarisse, « réputée très dangereuse » et qui l'avait menacée de lui « cogner dessus », se prit d'amitié pour elle. « Quand elle me quitta pour se rendre à la prison de Clermont où je devais la retrouver quelques mois plus tard, elle m'embrassa avec effusion et me dit : "...Adieu, Je ne sais pas si nous nous reverrons un jour, mais croyez bien que je me souviendrai de vous toute ma vie. Vous êtes la seule qui m'ayez dit de bonnes paroles... Ah ! si j'avais eu une mère comme vous !". »

Et puis, nous l'avons déjà vu, Louise écrit en prison comme ailleurs. C'est à Clermont qu'elle achève presque ses *Mémoires* et écrit, entre autres, *les Microbes humains*. Cela ne va cependant pas sans difficulté. A son arrivée à Clermont, elle subit les persécutions d'un gardien nommé Gorenflot qui, apprenant qu'il est en présence de la célèbre communarde, commence par lui dire : « Je regrette bien de ne pas vous avoir tenue au bout de mon fusil quand j'étais dans les troupes de Versailles. Aussi vrai que je m'appelle Gorenflot, je vous aurais abattue comme un canard sauvage — et avec plaisir, encore... »

Le lendemain, ce sinistre personnage insulte Louise, la tutoie et, au mépris du règlement, veut la contraindre à des travaux auxquels elle n'est pas astreinte. Calme et ferme, elle refuse. Le directeur de la prison fait cesser ces brimades. Mais il est remplacé pendant un congé par un ancien officier de Versailles, blessé à Auteuil et amputé d'un bras. Celui-ci organise de nouvelles persécutions contre Louise que les gardiens n'appellent plus que « Madame la pétroleuse », « Madame l'incendiaire ». L'un d'eux déchire un jour un journal en petits morceaux dans sa cellule et veut l'obliger à balayer le sol pour la sixième fois. Elle le traite d'imbécile. Le prétexte est bon. Louise est condamnée à un mois de cachot où on lui met la camisole de force. Elle craint — à juste titre — d'être assassinée. Le retour du premier directeur lui sauve la vie.

Ce qui contribua sans doute le plus à répandre la légende de Louise Michel, ce fut son attitude exemplaire devant les tribunaux. La presse avait fait grand cas de son procès en 1871. Son intransigeante fierté, sa vocation de martyre frappent tous les observateurs.

« Nous n'avons jamais voulu que le triomphe des grands principes de la Révolution ; je le jure par nos martyrs tombés sur le champ de Satory, que j'acclame ici hautement et qui un jour trouveront bien un vengeur. Encore une fois, je vous appartiens. Faites de moi ce qu'il vous plaira. Prenez ma vie. Je ne suis pas femme à vous la disputer un instant (...) Si vous me laissez vivre, je ne cesserai de crier vengeance et je dénoncerai à la vengeance de mes frères les assassins de la Commission des grâces. »

Le président — Je ne puis vous laisser la parole si vous continuez sur ce ton.

Louise Michel — J'ai fini. Si vous n'êtes pas des lâches, tuez-moi!

Lors de sa comparution devant la cour d'assises de la Seine à la suite de la manifestation des Invalides, elle a des phrases qui claquent comme des coups de fouet :

Le président — Vous prenez donc part à toutes les manifestations ?

Louise Michel — Hélas! oui, je suis toujours avec les misérables.

Le président (à un témoin) — Était-ce des enfants qui sont entrés chez vous? (Pour prendre du pain.)

Le témoin — Non, monsieur, c'étaient des gens raisonnables. (Rires.)

Louise Michel — Les gens armés de cannes plombées n'étaient pas des nôtres, je sais bien d'où ils venaient.

Le président — D'où venaient-ils donc?

Louise Michel — De la police...

Lorsqu'elle s'entend demander, par le président, après lecture du verdict, si elle ira en cassation, elle s'écrie :

— Jamais! Vous imitez trop bien les magistrats de l'Empire!

Louise refusera toujours, systématiquement, les mesures de grâce dont on veut la faire bénéficier. Elle se solidarisera toujours avec ses co-inculpés. Elle ne fuira jamais ses responsabilités et, bien souvent, endossera celle des autres.

« Le seul reproche qu'on peut faire à cette sainte de la révolution, a écrit Henri Barbusse, c'est d'avoir été trop bonne ; d'avoir eu trop de généreuse confiance dans ceux qui ne le méritaient pas, d'avoir trop volontiers confondu, parce qu'elle prêtait ses qualités aux autres, les arrivistes et les apôtres. (...)

Mais, « elle avait avant tout l'intuition de ces grandes certitudes qui font vraiment les révolutionnaires : le danger des concessions ; la nécessité de mêler sans cesse impérieusement le réalisme et l'action au rêve ; la nécessité pour le prolétariat de conquérir tout, s'il veut conquérir quelque chose — elle qui écrivit ses *Mémoires* en parlant des martyrs de la Révolution : « Sur leurs corps dans les champs l'herbe pousse plus haute et plus touffue. Mais la délivrance ne vient pas. C'est que le peuple l'implore au lieu de la prendre. »

Et telle est bien, pour nous aussi, la grande leçon d'une vie qui reste mêlée aux combats d'aujourd'hui.

Le tribunal de Versailles en 1871.

Pages suivantes :
Atelier de couture
en 1900.
Édimédia.

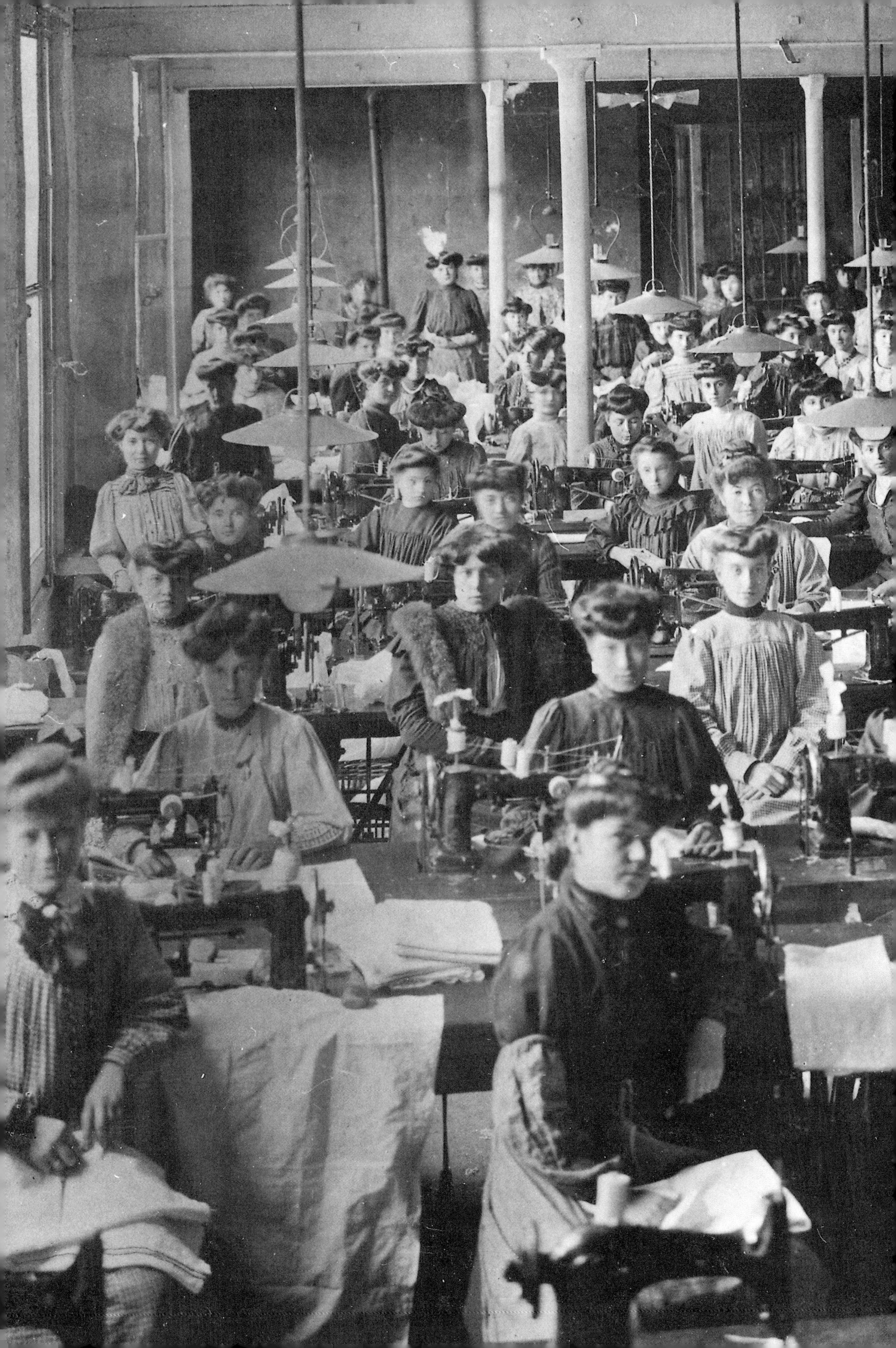

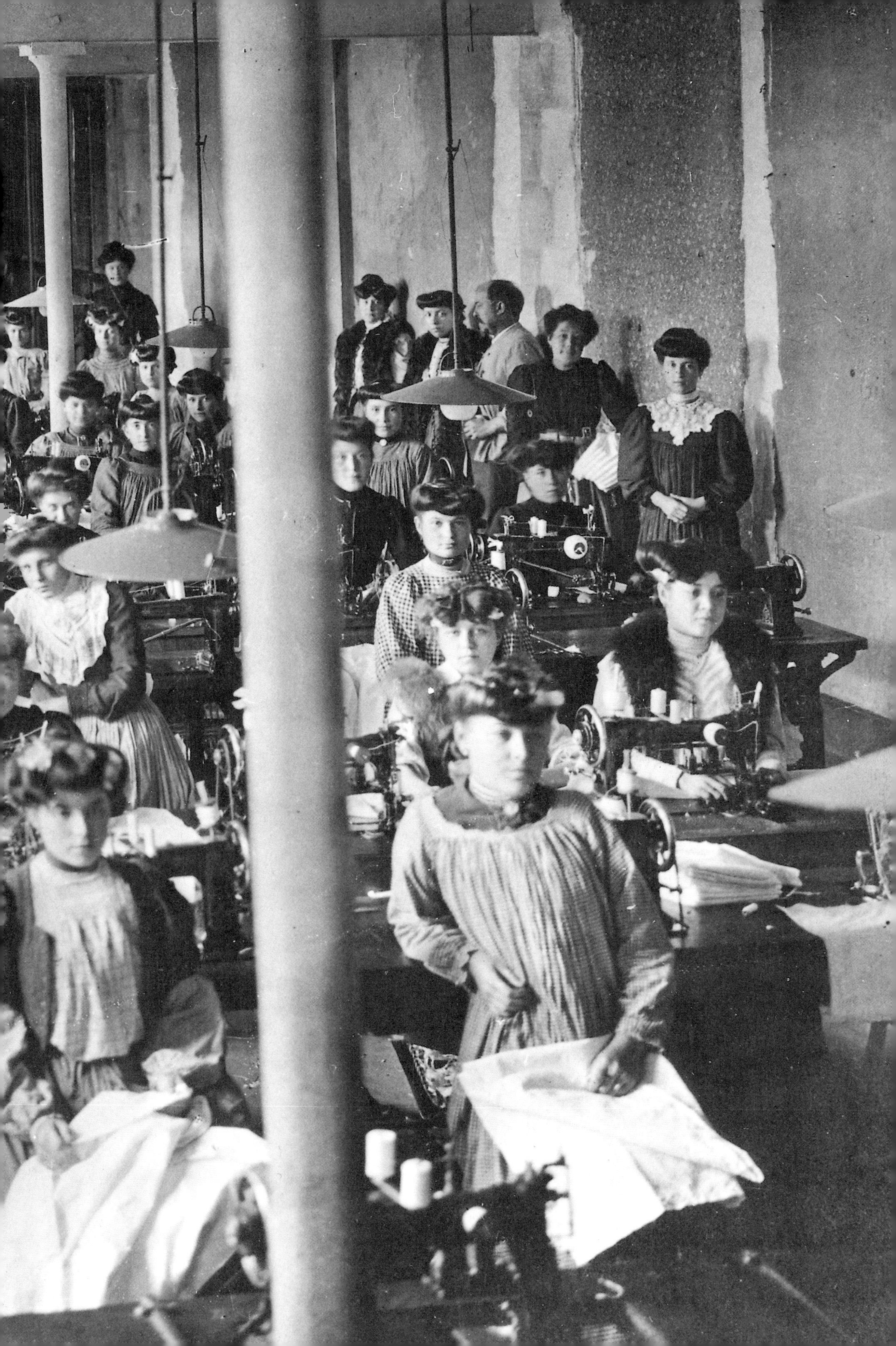

156

L'INTUITION DES GRANDES CERTITUDES

LA MANIFESTATION DU 1er MAI A PARIS
Les Agents de la Sûreté arrêtent deux manifestants

Photo Édimédia.

En haut à gauche.
Patrons et personnel de la maison close
de Rouen dans laquelle ont été pris
les personnages de la maison Tellier
de Maupassant.
(Photo provenant de chez Guy de Maupassant.)
Collection Sirot. Édimédia.

En bas à gauche.
L'actrice Séverine
à la tête d'un défilé de « Suffragettes ».
« La Vie à Paris. »

Louise Michel
à la fin de sa vie.
Collection Morangiès.
Édimédia.

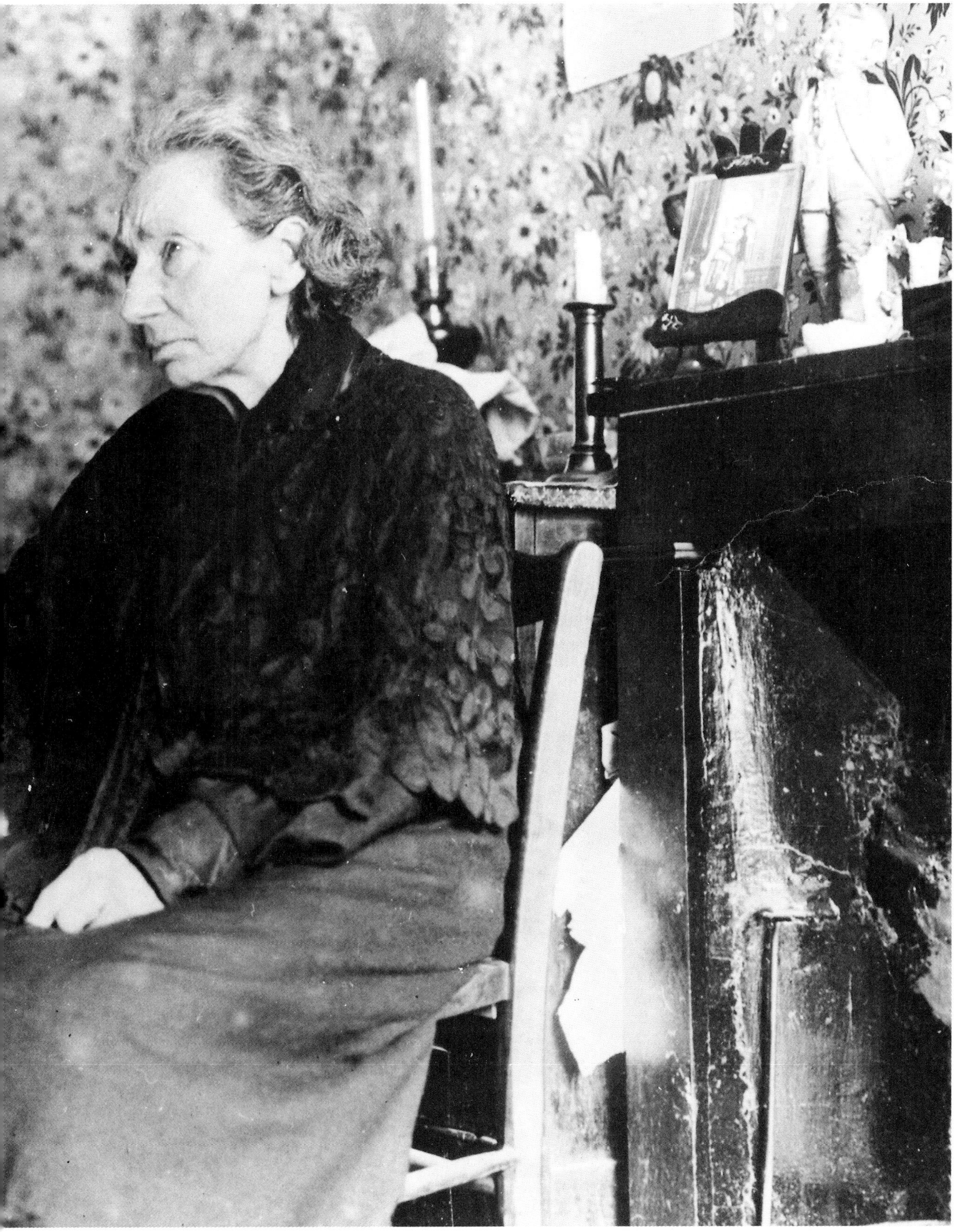

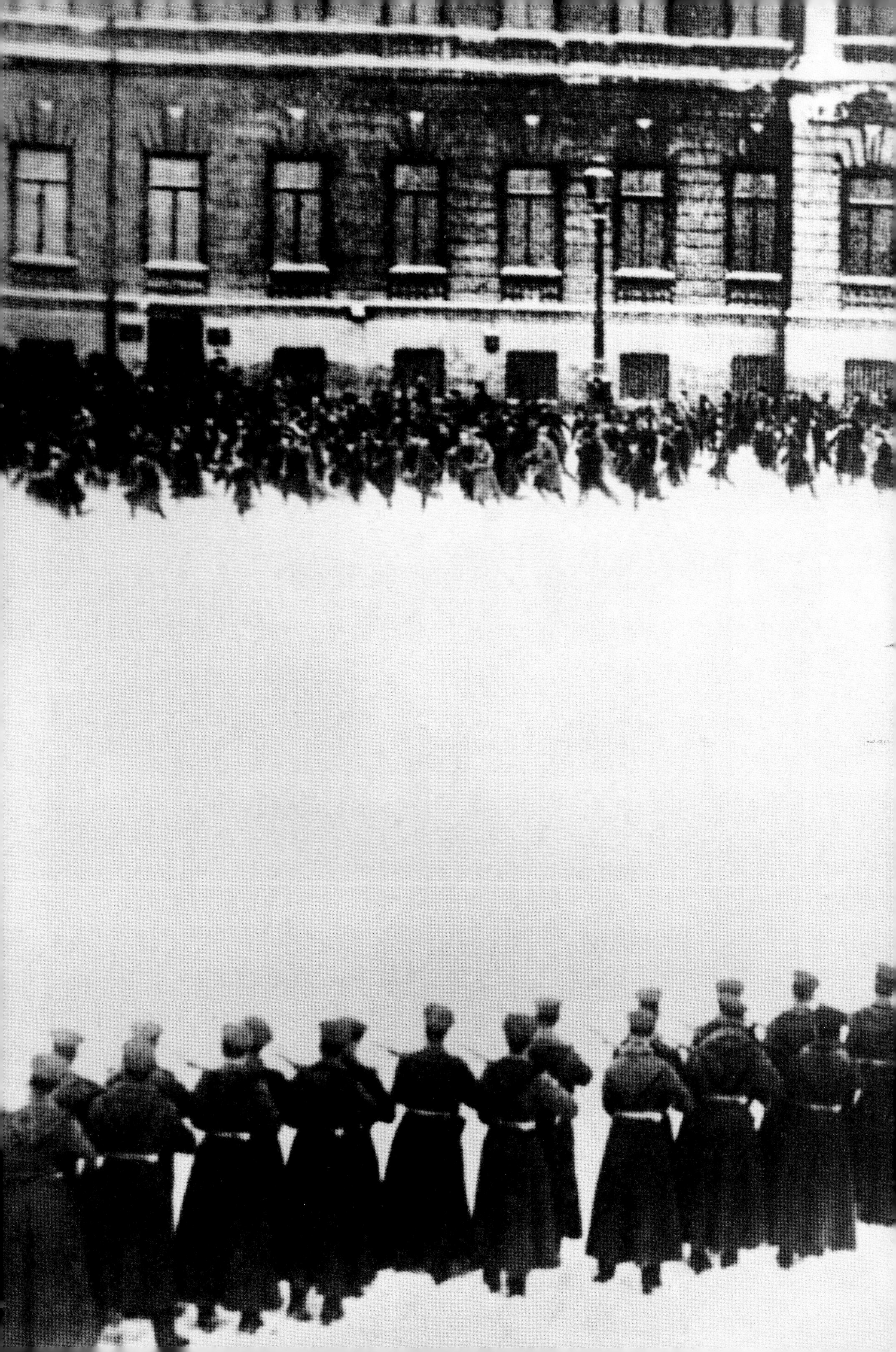

Fusillade des ouvriers
à Saint-Pétersbourg
le 9 janvier 1905 :
le dimanche rouge.
Le même jour, à Paris,
se déroulaient les obsèques
de Louise Michel.
Édimédia.

162

POÈMES DE LOUISE MICHEL

LES ROSES

Fleurissez, roses embaumées ;
Fleurs de l'espoir et de l'été ;
Les brises toutes parfumées
Vous emportent en liberté.

Rose de l'églantier sauvage
Que dore le soleil levant,
Tu tomberas au vent d'orage
Feuille à feuille dans le torrent.

Roses blanches, fières et belles,
Fleurissez pour les fronts charmants
Que la mort couvre de ses ailes.
Roses de mai, douces et frêles,
Parez les tombes des enfants.

Ô roses, le vent a des ailes ;
Mais tant que le sol sera chaud,
Il naîtra des roses nouvelles,
Toutes fraîches pour le tombeau.

Et toi, rose du cimetière,
Fleuris à l'ombre doucement.
Et, blanche ou rouge, dans le lierre
Élève ton front rayonnant.

A Clermont, devant ma fenêtre,
Fleurissait un grand rosier blanc.
Quand la fleur s'ouvre on voit paraître
Sur sa chair un filet de sang.

Ma mère aimait ces belles roses.
C'était fête quand je pouvais
En envoyer fraîches écloses ;
Elle n'en aura plus jamais.

MANIFESTATION DE LA PAIX

C'est le soir, on s'en va, marchant en longues files
Le long des boulevards, disant : la Paix ! la Paix !
Dans l'ombre on est guetté par les meutes serviles.
O Liberté, ton tour ne viendra-t-il jamais ?

En les pavés frappés par les lourds coups de canne,
Résonnent sourdement, le bandit veut durer ;
Pour rafraîchir de sang son laurier qui se fane,
Il lui faut des combats, dût la France sombrer.

Maudit ! de ton palais, sens-tu passer ces hommes ?
C'est la fin ! Les vois-tu dans un songe effrayant,
S'en aller dans Paris, pareils à des fantômes ?
Entends-tu ? Dans Paris dont tu boiras le sang.

Et la marche, scandée avec son rythme étrange,
A travers l'assommade, ainsi qu'un grand troupeau
Passe ; et César brandit, centuple, sa phalange
Et pour frapper la France il fourbit son couteau.

Puisqu'il faut des combats, puisque l'on veut la guerre,
Peuples, le front courbé, plus tristes que la mort,
C'est contre les tyrans qu'ensemble il faut la faire :
Bonaparte et Guillaume auront le même sort.

Louise MICHEL.

Exécution d'un trompette sous la Commune.
Peinture de Boll.
Musée Carnavalet.

L'HIRONDELLE DE LA LIBERTÉ

« Hirondelle aux yeux noirs, hirondelle, je t'aime.
« Je ne sais quel écho par toi m'est rapporté
« Des rivages lointains ; pour vivre, loi suprême,
« Il me faut, comme pour toi, l'air et la liberté. »

Poème de la prime jeunesse

AUX ARMES, CITOYENS !

Mais Versailles trahit. La Commune se lève. Il faut se battre :

« Nous n'avons plus ni fils ni pères.
« Haine, amour ont fui nos cœurs.
« Devant nous, trêve à vos prières !
« Nous sommes les sombres vengeurs

« Place ! Voici Quatre-vingt-treize !

« La charge sonne sous la terre.
« En avant ! en avant ! Marchons !
« Quatre-vingt-treize à la bannière
« O, mes amis, allons ! Allons !
« Quoi ! Tant que l'aigle en pourriture
« Aurait de quoi nourrir un ver,
« On oserait se prosterner
« Devant cette charogne impure !
« Aux armes, citoyens ! Formez vos bataillons !
« Marchons ! Qu'un sang impur abreuve nos sillons !

MARIE FERRÉ

Mes amis, puisqu'il faut nous dire qu'elle est morte,
Qu'au seuil de nos prisons, nous ne la verrons plus ;
Puisque du froid néant nul ne rouvre la porte,
Que vers les trépassés nos cris sont superflus ;
Parlons d'elle un instant ; que son nom nous reporte
     Vers ceux que nous avons perdus.

Modeste, elle savait être héroïque et fière.
Souvent, nous admirions ce contraste charmant !
Maintenant, c'en est fait, dans le noir cimetière
Pour jamais elle dort, emportant en mourant
Notre dernier sourire ; et mon cœur sous sa pierre
     Se sent enseveli vivant.

Entre le ciel désert et la terre marâtre,
Quand, parfois, nous avons des trésors aussi beaux,
C'est afin que la mort vienne nous les abattre,
Afin que tout soit deuil sous les rouges drapeaux.
Tous ceux que nous aimons comme un sarmant dans
                               l'âtre

     Vivants sont pris par les tombeaux !

O Révolution ! mère qui nous dévore
Et que nous adorons, suprême égalité !
Prends nos destins brisés pour en faire une aurore.
Que sur nos morts chéris plane la liberté !
Quand mai sinistre sonne, éveille-nous encore
     A ta magnifique clarté !

Mémoires de Louise MICHEL.

CHANSONS DES PRISONS
MAI 1871

Quand la foule, aujourd'hui muette,
Comme l'Océan grondera,
Et qu'à mourir elle sera prête,
La Commune se relèvera.

Nous reviendrons, foule sans nombre,
Nous viendrons par tous les chemins,
Spectres vengeurs sortant de l'ombre,
Nous viendrons nous serrer les mains.

Les uns pâles, dans les suaires.
Les autres encore sanglants.
Les trous des balles dans leurs flancs.
La mort portera les bannières.

Le drapeau noir, crêpe de sang,
Et pourpre, fleurira la terre
Libre, sous le ciel flamboyant.

MYRIAM !

Myriam ! leur nom à toutes deux :
Ma mère !
Mon amie !
Va, mon livre sur les tombes où elles dorment !
Que vite s'use ma vie pour que bientôt je dorme près d'elles !
Et maintenant, si par hasard mon activité produisait quelque bien, ne m'en sachez aucun gré, vous tous qui jugez par les faits : je m'étourdis, voilà tout.
Le grand ennui me tient. N'ayant rien à espérer ni rien à craindre, je me hâte vers le but, comme ceux qui jettent la coupe avec le reste de la lie.

Louise MICHEL.

ÉCRITS SUR LOUISE MICHEL

MADEMOISELLE LOUISE MICHEL ET LA RÉVOLUTION SOCIALE

Depuis longtemps attendue par ses amis politiques, la Vierge Rouge, Mlle Louise Michel n'arriva à Paris que le 9 novembre 1880.

A midi, elle descendit à la gare Saint-Lazare, accompagnée de cinq ou six amnistiés.

Groupés dans la rue d'Amsterdam et sur la place du Havre, six ou sept mille personnes la saluèrent par les cris répétés de : « Vive Louise Michel ! »

Henri Rochefort, après l'avoir embrassée, lui donna le bras pour sortir de la gare.

Pendant les cinquante mètres qu'elle dut parcourir pour gagner la voiture qui l'attendait au coin de la rue de Londres, celle qu'on appelait la « grande citoyenne » fut l'objet d'une ovation enthousiaste.

Quelques exaltés voulurent dételer les chevaux de la voiture dans laquelle elle était montée. Les gardiens de la paix s'interposèrent et firent prendre aux chevaux une allure accélérée.

A partir de ce jour, Mlle Louise Michel prit une part importante au mouvement socialiste, et son nom revint souvent dans les rapports de mes agents.

Quelques citations permettent d'apprécier l'accueil qui lui fut fait dans le parti révolutionnaire et le rôle qu'elle y joua :

Le 14 novembre 1880. — La première réunion-conférence dans laquelle Louise Michel doit faire sa rentrée aura lieu dimanche 21 novembre.

Il y aura énormément de monde ; cependant les honneurs qui lui ont été rendus ont déjà éveillé des jalousies ; d'autre part, les vrais révolutionnaires lui reprochent la sympathie qu'elle affiche pour M. Clemenceau.

Les socialistes regardent en effet le député de Montmartre comme un bourgeois, et les condamnés de la Commune le tiennent pour un modéré.

Le but poursuivi par les rédacteurs de la *Marseillaise,* c'est de procurer à leur journal le bénéfice de la première conférence de la grande citoyenne. Pour cela MM. Vésinier, Gauthier, Protot, voudraient être chargés de tous les détails d'organisation et de publicité. S'ils y réussissent, les autres organes de l'intransigeance seront mécontents et les accuseront d'avoir accaparé une bonne affaire.

La conférencière n'échappera pas à leurs critiques ; elle sera attaquée sournoisement par les femmes de la Commune, dont la renommée pâlit à côté de la sienne.

21 novembre. — Aujourd'hui, à une heure, a eu lieu, à l'Élysée-Montmartre, la première conférence en l'honneur de Louise Michel.

A une heure et demie, Louise Michel monte à la tribune et crie tout d'abord : « Vive la Révolution sociale ! »

L'assistance répond par les cris de : « Vive Louise Michel ! Vive la Révolution ! »

On apporte à l'héroïne plusieurs bouquets.

Gambon affirme que la Commune est plus vivace que jamais, et que la France sera toujours à la tête des révolutions.

*Louis ANDRIEUX
A travers la République, mémoires,
Éditions Payot.*

NOTICES COMPLÉMENTAIRES
Dates à remplir
PAR LES COLLECTIONNEURS DU TROMBINOSCOPE

Louise Michel continue à scandaliser les honnêtes gens en réclamant le... 18... la mise en accusation de Spuller, comme complice de Gambetta. — Entre temps, elle condamne à mort le général Galiffet et décide d'aller l'égorger, le... 18..., dans le fort du Mont-Valérien ; mais se contente, le... 18..., de l'exécuter dans son for intérieur. Le... 18... elle organise, en faveur du droit élecotral des femmes, une démonstration qui rate par suite des couches de tout le bureau du comité d'initiative. — Enfin elle meurt le... 19... au moment où elle venait de se désigner comme trente-huitième Holopherne... Saint-Genest, dont elle s'était mise depuis huit jours à considérer la suppression comme indispensable au salut de la République.

Préface de l'éditeur à l'édition originale
DES *MÉMOIRES* DE LOUISE MICHEL EN 1886

Il y a des noms si retentissants et d'une notoriété telle qu'il suffit de les mettre sur la couverture d'un livre sans qu'il soit nécessaire de présenter l'auteur au public.

Et pourtant je crois utile de faire précéder ces *Mémoires* d'une courte préface.

Tout le monde connaît, ou croit connaître l'ex-déportée de 1871, l'ex-pensionnaire de la maison centrale de Clermont, la prisonnière devant laquelle viennent enfin de s'ouvrir les portes de Saint-Lazare.

Mais il y a deux Louise Michel : celle de la légende et celle de la réalité, qui n'ont l'une avec l'autre aucun point de ressemblance.

Pour bien des gens, et — pourquoi ne pas l'avouer — pour la grande majorité du public, et surtout en province, Louise Michel est une sorte d'épouvantail, une impitoyable virago, une ogresse, un monstre à figure humaine, disposée à semer partout le fer, le feu, le pétrole et la dynamite... Au besoin on l'accuserait de manger tout crus les petits enfants...

Voilà la légende.

Combien différente est la réalité : Ceux qui l'approchent pour la première fois sont tout stupéfaits de se trouver en face d'une femme à l'abord sympathique, à la voix douce, aux yeux pétillants d'intelligence et respirant la bonté. Dès qu'on a causé un quart d'heure avec elle, toutes les préventions s'effacent, tous les partis pris disparaissent : on se trouve subjugué, charmé, fasciné, conquis.

On peut repousser ses idées, blâmer ses actes ; on ne saurait s'empêcher de l'aimer et de respecter, même dans leurs écarts, les convictions ardentes et sincères qui l'animent.

Cette violente anarchiste est une séductrice. Les directeurs et les employés des nombreuses prisons traversées par elle sont tous devenus ses amis ; les religieuses elles-mêmes de Saint-Lazare vivaient avec cette athée, avec cette farouche révolutionnaire en parfaite intelligence.

C'est qu'il y a, en effet, chez elle — que Mlle Louise Michel me pardonne ! — quelque chose de la sœur de charité. Elle est l'abnégation et le dévouement incarnés. Sans s'en douter, sans s'en apercevoir, elle joue autour d'elle le rôle d'une providence. Oublieuse de ses propres besoins et de ses propres ennuis, elle ne se préoccupe que des chagrins ou des besoins des autres.

C'est pour les autres — parents, amis ou étangers — qu'elle vit et qu'elle travaille. Et le parloir de Saint-Lazare, où elle recevait de nombreuses visites quotidiennes, était devenu une sorte de bureau de charité en même temps qu'un bureau de placement, car la prisonnière du fond de sa cellule s'ingéniait pour trouver des emplois à ceux qui étaient sans ouvrage et pour donner du pain à ceux qui avaient faim... Elle multipliait les correspondances, n'hésitait pas à importuner ses amis — qui ne s'en plaignaient jamais — à plaider pour ses protégés.

L'anecdote suivante donnera la mesure de sa bonté :

Il y a trois ans, elle allait faire une série de conférences à Lyon et dans les autres villes de la région du Rhône. Partie avec une robe toute neuve, elle revint, quinze jours plus tard, au grand scandale de sa pauvre mère, avec un simple jupon ; la robe de cachemire noir avait disparu ! N'ayant plus d'argent elle l'avait donnée à Saint-Étienne à une malheureuse femme qui n'en avait pas, renouvelant ainsi la légende de saint Martin.

Encore l'évêque de Tours ne donnait-il que la moitié de son manteau ; Louise Michel offrait sa robe tout entière !

J'ai parlé de sa mère. Ah ! Voilà encore un des côtés touchants de Mlle Michel. En lisant ses *Mémoires,* on verra à quel point est développé chez elle le sentiment de la piété filiale. C'était une véritable adoration. Cette femme, à quarante ans passés, était soumise comme une petite fille de dix ans devant l'autorité maternelle. Enfant terrible, parfois, il est vrai !... Ayant recours, pour épargner à sa digne mère une inquiétude et une angoisse au milieu de ses périlleuses aventures, à une foule d'innocents subterfuges et de petits mensonges !

Rien qu'en l'entendant dire : « Maman », on se sentait ému ; on ne se souvenait plus qu'elle était arrivée à la maturité. Elle a conservé une jeunesse de cœur et d'allures, une fraîcheur de sentiments qui lui donnent un charme incroyable : câline, tendre, affectueuse, se laissant gronder par ses amis, et les tourmentant, de son côté, avec une mutinerie de jeune fille.

Voilà pour la femme.

En éditant ce livre, qui s'adresse à tout le monde, aux adversaires de l'auteur comme à ses amis, je n'ai ni à blâmer ni à approuver ; ni à endosser ni à décliner la responsabilité de ce qu'il contient. Les lecteurs jugeront, selon leurs tendances, selon leurs goûts, selon leurs idées, selon leurs hostilités ou leurs sympathies. C'est leur tâche et non la mienne.

Mais il est un point sur lequel on tombera d'accord, à quelque parti qu'on appartienne, et sur lequel il n'y a jamais, dans la presse, qu'une seule voix, dès qu'il s'agit de Louise Michel.

On aime, en France, et on admire la simplicité et la crânerie, même chez ceux dont on répudie les faits et gestes. On estime l'unité de vie et la bonne foi, même dans l'erreur.

Mlle Louise Michel, on lui a constamment rendu cette justice, n'a jamais varié, ni jamais reculé devant les conséquences de ses tentatives. Elle n'est pas de ceux qui fuient, et l'on se rappelle qu'après l'échauffourée de l'esplanade des Invalides, elle a résisté à toutes les instances de la famille amie chez laquelle elle était réfugiée, et a tenu à se constituer prisonnière... Ce n'est ni une lâcheuse ni une franc-fileuse...

Et quelle crânerie simple, digne, dépourvue de pose et de forfanterie, en présence de ses juges ! Avec quel calme elle a l'habitude d'accepter la situation qu'elle s'est librement faite, à tort ou a raison ; de ne s'abriter jamais derrière des faux-fuyants, des excuses ou des échappatoires !

Soit devant le conseil de guerre de Versailles, en 1871 ; soit devant la police correctionnelle, après la manifestation Blanqui, en 1882 ; soit dans son dernier procès, en 1883, devant la cour d'assises de la Seine : toujours on l'a trouvée levant fièrement la tête, répondant à tout, s'attachant à justifier ses coaccusés sans se justifier elle-même, et courant au devant de toutes les solidarités !

On trouvera dans l'appendice placé à la fin de ce premier volume le compte rendu emprunté à la *Ga-*

zette des tribunaux, qui n'est pas suspecte de complaisance pour l'accusée, de ces trois jugements, et l'on se convaincra que la condamnée est vraiment un caractère.

Quant à la résignation, à la joie âcre avec lesquelles elle a supporté les diverses peines prononcées contre elle : la déportation, la prison, la maison centrale, il faut remonter aux premiers siècles de notre ère, pour trouver chez les martyres chrétiennes, quelque chose d'équivalent.

Née dix-neuf siècles plut tôt, elle eût été livrée aux bêtes de l'amphithéâtre ; à l'époque de l'Inquisition elle eût été brûlée vive ; à la Réforme, elle se fût noblement livrée aux bourreaux catholiques. Elle semble née pour la souffrance et pour le martyre.

Il y a quelques jours à peine, et quand le décret de grâce rendu par Monsieur le Président de la République lui a été signifié, n'a-t-il pas fallu presque employer la force pour la mettre à la porte de Saint-Lazare ? Elle ne voulait point d'une clémence qui ne s'appliquait pas à tous ses amis. Sa libération a été une expulsion, et elle a protesté avec énergie.

Louise Michel n'est pas moins bien douée intellectuellement qu'au point de vue moral.

Fort instruite, bonne musicienne, dessinant fort bien, ayant une singulière facilité pour l'étude des langues étrangères ; connaissant à fond la botanique, l'histoire naturelle — et l'on trouvera dans ce volume de curieuses recherches sur la faune et la flore de la Nouvelle-Calédonie — elle a même eu l'intuition de quelques vérités scientifiques, récemment mises au jour. C'est ainsi qu'elle a devancé M. Pasteur dans ses applications nouvelles de la vaccine au choléra et à la rage :

Il y a quelques années déjà que la déportée de Nouméa — on le verra plus loin — avait eu l'idée de vacciner les plantes elles-mêmes !

Mais par-dessus tout, elle est poète, poète dans la véritable acception du mot, et les quelques fragments jetés çà et là dans ses *Mémoires* décèlent une nature rêveuse, méditative, assoiffée d'idéal. La plupart de ses vers sont irréprochables pour la forme aussi bien que pour le fond et pour la pensée.

F. ROY
Libraire éditeur
Paris, février 1886.

LES FEMMES DE LA COMMUNE

Pendant tout le temps de la Commune, je n'ai passé chez ma pauvre mère qu'une seule nuit. Ne me couchant, je pourrais dire jamais, je dormais un peu n'importe où, quand il n'y avait rien de mieux à faire ; bien d'autres en ont fait autant. Chacun s'est donné tout entier de ceux qui voulaient la délivrance.

Si la réaction eût eu autant d'ennemis parmi les femmes qu'elle en avait parmi les hommes, Versailles eût éprouvé plus de peine ; c'est une justice à rendre à nos amis, qu'ils sont plus que nous accessibles à une foule de pitiés ; la femme, cette prétendue faible de cœur, sait plus que l'homme dire : il le faut ! Elle se sent déchirer jusqu'aux entrailles, mais elle reste impassible. Sans haine, sans colère, sans pitié pour elle-même ni pour le autres, *il le faut, que le cœur saigne ou non.*

Ainsi furent les femmes de la Commune...

Mémoires de Louise Michel.

Femme à l'Hôtel de Ville
2ᵉ Jour de la Commune 1871

Dessin de
Daniel Vierge.
Musée Carnavalet.
Bulloz.

CHRONOLOGIE DE LA VIE DE LOUISE MICHEL

29 mai 1830
(Six heures du soir.) Naissance de Louise Michel à Vroncourt (Haute-Marne), de Marie-Anne Michel et de père inconnu.

30 novembre 1844
Mort d'Étienne-Charles Demahis, considéré par Louise Michel comme son grand-père.

1847
Mort de Laurent Demahis, fils du précédent et vraisemblablement père de Louise Michel.

23 octobre 1850
Mort de Mme Demahis, née Louise-Charlotte Maxence Porquet, considérée par Louise Michel comme sa grand-mère.

1851
Louise Michel passe trois mois à Lagny au pensionnat de Mme Duval où elle se prépare au métier d'institutrice. Elle rencontre Victor Hugo. Elle poursuit ensuite les mêmes études à Chaumont.

27 septembre 1852
Déclaration d'ouverture d'une école libre dirigée par Louise Michel à Audeloncourt (Haute-Marne).

1853
Louise Michel ferme son école d'Audeloncourt et devient « sous-maîtresse » à Paris. Mais elle revient en Haute-Marne au bout de quelques mois parce que sa mère est malade.

Novembre 1854
Elle demande l'autorisation de réouvrir son école d'Audeloncourt, mais y renonce, faute d'élèves.

3 décembre 1854
Elle ouvre une école à Clefmont (Haute-Marne).

Octobre 1855
Abandonnant Clefmont, Louise Michel installe une école à Millières (Haute-Marne). Selon certaines sources, elle reste deux ans dans ce village. Selon d'autres…

1856
…elle devient « sous-maîtresse » à la pension de Mme Vollier, 14, rue du Château-d'eau, à Paris, dès l'année suivante. Son amie, Julie Longchamp, qui était avec elle à Millières, vient l'y rejoindre.

Sur toute cette période, Louise Michel, est très avare de détails dans ses Mémoires.
Son dossier académique, qui aurait pu donner des précisions utiles, a disparu des Archives de la Haute-Marne, sans doute vers la fin du siècle dernier.

27 janvier 1862
Louise Michel, qui passe toutes ces années à enseigner, à écrire, à s'instruire —y compris sur le plan politique— devient sociétaire de l'« Union des poètes ».

1865
Vente des terres héritées des Demahis afin d'acheter un externat pour Louise, 5, rue des Cloys à Paris. Elle s'y installe avec Mme Vollier, devenue impotente et qui meurt bientôt. Une autre vieille institutrice, également infirme, la remplace, Caroline Lhomme.

1868
Ouverture d'un cours, 24, rue Oudot, en compagnie de Mlle Poulin, malade elle aussi.

12 janvier 1870
Participation aux obsèques de Victor Noir, journaliste républicain assassiné par un parent de l'empereur. Louise, habillée en homme, a caché un poignard sous ses vêtements.

15 août 1870
Louise Michel participe à une manifestation organisée en faveur des blanquistes Eudes et Brideau, arrêtés la veille. Elle porte au général Trochu, gouverneur militaire de Paris, une pétition en leur faveur, lancée par Michelet.

13-18 septembre 1870
Visite de Louise Michel à Victor Hugo.

2 octobre 1870
Louise Michel lance un appel aux infirmières des remparts et aux « citoyennes de la libre pensée » pour les inciter à se porter au secours de Strasbourg encerclée par les Prussiens. Elle participe alors aux deux comités de vigilance du XVIIIe arrondissement où elle fait la connaissance de Théophile Ferré.

31 octobre 1870
Louise Michel participe à une grande manifestation en faveur de la Commune devant l'Hôtel de Ville.

1er décembre 1870
Première arrestation de Louise Michel à la suite d'une manifestation de femmes.

22 janvier 1871
Pour la première fois, Louise Michel, qui s'est munie d'un fusil, fait le coup de feu contre les mobiles bretons de Trochu devant l'Hôtel de Ville.

17-18 mars 1871
Louise Michel participe activement à l'affaire des canons de la garde nationale sur la Butte Montmartre. Après la proclamation de la Commune, elle s'occupe essentiellement d'œuvres sociales et pédagogiques.

3 avril-21 mai 1871
Les Versaillais déclenchent l'assaut final contre la Commune. Louise Michel participe en tant qu'ambulancière et combattante aux batailles de Clamart, Issy-les-Moulineaux (son courage est mentionné au *Journal officiel* de la Commune du 10 avril), Neuilly. Elle se bat dans les rangs du 61e bataillon de Montmartre. Le 21 mai, elle est envoyée par Dombrowski au Comité de vigilance de Montmartre. Elle prend part aux derniers combats et est arrêtée pour n'avoir pas voulu laisser sa mère emprisonnée à sa place.

24 mai 1871
Louise Michel est transférée à Versailles.

28 juin 1871
Premier interrogatoire devant le 4e conseil de guerre.

2 septembre 1871
Condamnation à mort de Théophile Ferré.

19 septembre 1871
Second interrogatoire de Louise Michel qui est alors transférée à la prison d'Arras.

28 novembre 1871
Exécution de Théophile Ferré.

29 novembre 1871
Louise Michel est ramenée d'Arras à Versailles.

16 décembre 1871
Comparution devant le 4ᵉ conseil de guerre qui condamne Louise Michel à la déportation dans une enceinte fortifiée. Elle refuse de faire appel.

21 décembre 1871
Transfert à la prison centrale d'Auberive (Haute-Marne).

24 août 1873
Départ pour la gare de Langres et voyage par chemin de fer jusqu'à La Rochelle, *via* Paris.

28 août 1873
Transfert par bateau de La Rochelle à Rochefort où les déportés sont embarqués sur le *Virginie*.

10 décembre 1873
Arrivée en Nouvelle-Calédonie.

1878
Insurrection canaque.

8 mai 1879
La peine de Louise Michel est commuée en déportation simple.

16 juin 1880
Louise Michel est nommée institutrice à Nouméa.

11 juillet 1880
Décret d'amnistie en faveur des condamnés de la Commune.

16 octobre 1880
Louise Michel bénéficie d'une remise de peine. Elle la refuse.

7 novembre 1880
Arrivée de Louise Michel à Londres.

9 novembre 1880
Réception triomphale à la gare Saint-Lazare à Paris.

1881
Louise Michel, qui prend la parole au cours de nombreux meetings depuis son retour en France assiste aux obsèques de Blanqui dont elle prononce l'éloge funèbre.

18 janvier 1882
Condamnation à 15 jours de prison pour outrages à agents.

26 février 1882
Mort de Marie Ferré.

9 mars 1883
Louise Michel prend part à une manifestation de chômeurs aux Invalides au cours de laquelle des boulangeries sont pillées. Elle est l'objet d'un mandat d'arrêt, mais la police ne la trouve pas.

29 mars 1883
Elle écrit au préfet de police pour lui dire qu'elle se rendra à son bureau le lendemain.

30 mars 1883
Sur le chemin de la préfecture Louise Michel est arrêtée et conduite au dépôt.

1ᵉʳ avril 1883
Elle est incarcérée à la prison de Saint-Lazare.

21 juin 1883
Ouverture du procès de Louise Michel.

23 juin 1883
Louise Michel est condamnée à six ans de réclusion, assortis de dix années de surveillance de haute-police.

15 juillet 1883
Louise Michel est transférée à la prison de Clermont-de-l'Oise.

3 janvier 1885
Mort de la mère de Louise, Marianne Michel.

5 janvier 1885
Obsèques de Marianne Michel.

8 janvier 1886
Décret du président de la République accordant sa grâce à Louise Michel. Elle refuse, puis consent.

14 janvier 1886
Louise Michel est conduite par la police au domicile que lui ont trouvé ses camarades, 89, route d'Asnières, à Levallois.

3 juin 1886
Louise, qui ne cesse de prendre la parole au cours de multiples réunions, participe au théâtre du Château-d'eau (Paris) à un meeting en faveur des mineurs de Decazeville. Elle y prononce un discours, Jules Guesde, Paul Lafargue et Susini y interviennent à ses côtés.

14 août 1886
Louise Michel est condamnée à quatre mois de prison et à 100 francs d'amende.

24 septembre 1886
Lafargue, Guesde et Susini, qui avaient également été condamnés, ont fait appel (ce que Louise Michel avait refusé de faire) et sont acquittés. Le gouvernement est fort embarrassé. Que faire de Louise ? Après des démêlés ubuesques, elle finit par bénéficier d'une remise de peine en novembre 1886. Elle continue à prononcer des discours à travers la France.

22 janvier 1888
Louise Michel prononce un discours au théâtre de la Gaîté du Havre à 14 heures. Dans la soirée, elle parle à la salle de l'Élysée. Un « chouan », Pierre Lucas, tire sur elle deux coups de pistolet. Elle est blessée à la tête mais refuse de déposer plainte contre son agresseur.

30 avril 1890
A la suite d'un discours qu'elle a prononcé à Saint-Étienne et de sa participation à un meeting suivi de manifestations violentes à Vienne, Louise Michel, arrêtée à Paris, est transférée dans cette ville de l'Isère.

24 mai 1890
Elle refuse sa mise en liberté provisoire parce que ses co-inculpés ne bénéficient pas de la même mesure.

31 mai 1890
Le mandat d'arrestation qui l'avait frappée est levé : mais Louise refuse (toujours pour les mêmes raisons) de quitter la prison. De colère, elle casse tout dans sa cellule.

2 juin 1890
A la suite de cette manifestation, le médecin commis pour l'examiner demande son internement comme « folle ». Le gouvernement, qui craint des histoires, s'y oppose. Finalement, elle est libérée et quitte Vienne, le 4 juin, pour Paris.

29 juillet 1890
Craignant d'être internée comme folle, Louise Michel se réfugie à Londres. Nous sommes à l'époque des attentats

anarchistes qui donnent prétexte au vote des « lois scélérates » de 1893.

13 novembre 1895
Louise Michel revient à Paris où elle est accueillie par une manifestation de sympathie à la gare Saint-Lazare. Elle prononce dans la capitale et en province une série de discours.

27 juillet 1896
Elle assiste, à Londres, au congrès international socialiste des travailleurs et des chambres syndicales ouvrières qui voit la rupture entre les anarchistes et les socialistes.

16 septembre 1897
Louise Michel est arrêtée à Bruxelles et expulsée de Belgique.

15 février 1898
Ne voulant pas prendre parti dans l'affaire Dreyfus, Louise Michel repart pour Londres.

20 mai 1898
Elle revient à Paris pour s'occuper de l'édition de ses œuvres (notamment *la Commune*) puis regagne l'Angleterre.

Fin 1899
Elle s'installe à nouveau à Paris et y donne une série de conférences.

23 décembre 1899
Louise Michel repart pour Londres.

17 octobre 1900
Elle revient à Paris.

13 novembre 1900
Elle retourne à Londres.

Février 1902
Frappée de pneumonie, elle échappe de peu à la mort.

15 mai 1902
Elle revient en France et préside à une série de meetings. Au cours de l'année, elle fait de nouveau un bref séjour à Londres.

1903
L'année est marquée par une tournée de conférences à travers tout le pays, en compagnie de l'anarchiste Girault.

22 octobre 1903
Louise Michel interrompt son périple; elle est de nouveau malade.

27 octobre 1903
Elle retourne à Londres.

Février 1904
Nouvelle tournée de conférences en France avec Girault.

20 mars 1904
Très fatiguée, elle tombe malade à Toulon.

11 mai 1904
Quelque peu remise, Louise rentre à Paris.

16 mai 1904
Elle rédige son testament : « *Je soussignée, Louise Michel, déclare confier à Charlotte Vauvelle, ma compagne depuis 15 ans, et à mes camarades de lutte, pour les mettre à exécution mes dernières volontés, qui sont d'être enterrée sans aucune cérémonie religieuse (...) au cimetière de Levallois-Perret, dans le caveau de ma mère, où il y a une place pour moi.* 16 mai 1904. »

20 mai 1904
Décidément infatigable, Louise Michel prononce une conférence aux Sociétés savantes et reprend sa tournée.

5 janvier 1905
Épuisée, elle gagne Marseille et s'alite à l'*Hôtel de l'Oasis*.

9 janvier 1905
Elle meurt à 10 heures du matin.

11 janvier 1905
Le corps de Louise Michel est transféré au dépositoire du cimetière Saint-Pierre à Marseille.

20 janvier 1905
Son cercueil est amené à la gare de Marseille pour être transporté à Paris.

21 janvier 1905
A dix heures du matin, un imposant cortège accompagne le corps de Louise Michel de la gare de Lyon au cimetière de Levallois-Perret.

1946
Les restes de Louise Michel sont exhumés et ensevelis, dans le même cimetière, au rond-point des Victimes du devoir.

TABLE DES MATIÈRES

Préface ———————————————— 7

Avant-propos ———————————————— 10

Une vie passionnée ———————————————— 15

Portrait ———————————————— 25

Les influences ———————————————— 51

La politique en mouvement ———————————————— 87

Éprise d'héroïsme ———————————————— 113

L'intuition des grandes certitudes ———————————————— 139

Annexes ———————————————— 163

Achevé d'imprimer sur les presses d'Aubin-Imprimeur à Ligugé
en janvier 1989 pour le compte des Éditions Messidor
N° d'édition : 2510. N° d'impression : P 30482. Dépôt légal : janvier 1989. 389011 R 2